至善领导力

大变局时代的呼唤

曾玉柏◎著

国家行政学院出版社
NATIONAL ACADEMY OF GOVERNANCE PRESS

图书在版编目（CIP）数据

至善领导力：大变局时代的呼唤 / 曾玉柏著 .—北京：国家行政学院出版社，2024.1（2024.5 重印）
ISBN 978-7-5150-2810-1

Ⅰ.①至… Ⅱ.①曾… Ⅲ.①领导学 Ⅳ.① C933

中国国家版本馆 CIP 数据核字（2023）第 142746 号

书　　名	至善领导力——大变局时代的呼唤 ZHISHAN LINGDAOLI—DABIANJU SHIDAI DE HUHUAN
作　　者	曾玉柏　著
责任编辑	王　莹　马文涛
出版发行	国家行政学院出版社 （北京市海淀区长春桥路 6 号　100089）
综 合 办	（010）68928887
发 行 部	（010）68928866
经　　销	新华书店
印　　刷	中煤（北京）印务有限公司
版　　次	2024 年 1 月北京第 1 版
印　　次	2024 年 5 月北京第 2 次印刷
开　　本	148 毫米 ×210 毫米　32 开
印　　张	6.25
字　　数	100 千字
定　　价	45.00 元

本书如有印装质量问题，可随时调换，联系电话：（010）68929022

推荐序
Foreword

习近平总书记在党的二十大报告中提出，“全面建设社会主义现代化国家，必须有一支政治过硬、适应新时代要求、具备领导现代化建设能力的干部队伍”。提升领导现代化建设能力对每一个领导者来说，都将是一次新的学习、新的修身、新的转型。曾玉柏同志撰写的《至善领导力——大变局时代的呼唤》一书，立足中国式现代化建设对领导者的新要求，从中国传统文化入手，结合领导力理论和实践经验，尝试提出一套中国式领导力方法论，有很强的理论价值和现实指导意义。

玉柏同志从追求“止于至善”的领导境界去思考领导者个人的修炼之道，从利他、守真、虚怀、大勇四个方面展开阐述，引导大家把自己修炼成可敬、可亲、可信、可服的值得被追随的领导者；又从“天人合一”的系统关系论思考领导者、追随者、组织环境之间的互动关系，总结出领导者应遵循的法则，同时指出高明的领导者要注重做组织文化，通过制度和文化影响人，追求“上善若水”的境界，达到老子所谓“太上，不知有之”的层次；还从“知行合一”的理念得出领导力的行为范式，强调领导力主要来自于实践，要“在事上磨炼”，进而提出了九个方面的领导力之术，从实操层面给出了很多很有价值的建议。

“格物致知”是领导力的真谛。玉柏同志在书中提出，领导者是激发他人善意和动力的那些人，这个定义比以往的领导者定义又向前推进了一步。对于什么是好的领导者，以前我们更多考虑的是激发动力，认为只要把大家的积极性调动起来，让大家齐心协力地完成组织目标就是好的领导者。玉柏同志受中国文化重视德行的启发，理性地认识到每个人心中都存在善与恶，领导者不但要自己修行，更要“明明德”“学高为师，身正为范”，影响周围的人使其都有一个积极的思维方式，从而打造一个满满正能量的组织与团队。虽然有些理想主义色彩，但确实符合人人内心中对真、善、美的向往和要求。如果每个领导者都能这么想、这么做，那么其力量将是不可想象的。

功成不必在我，人人皆可成才。“人人都需要学习领导力”绝不应该只是一句口号。凡是有人的地方就会相互影响：家庭中，夫妻之间、父母与孩子之间如果都从作者提出的学习领导力就是学习如何做人的角度去思考和行动，我相信家庭关系会更和睦；学校中，教师之间、教师与学生之间如果都能从激发他人的善意与动力的角度去互动，我们的教育将更和谐；一个部门、一家企业，更需要强调“德为先，能为上，行为善”。相信本书能带给大家一个新的思考维度。

中国人事科学研究院原院长

中国领导科学学会副会长

2023年9月

前言
Preface

“大学之道，在明明德，在亲民，在止于至善。”

2000多年前，中国的先贤就对为士做官的根本之道（大学之道）作了经典的阐述：修炼并弘扬大德，进而影响大众，让大家通过这种互动接近或达到一种至善的境界。

当今，世界之变、时代之变、历史之变正以前所未有的方式展开，国际格局和国际体系正在发生深刻调整，全球治理体系正在发生深刻变革。发展中国家群体性崛起，世界多极化特征越来越明显；新兴经济体呈现出前所未有之活力，世界经济中心加快“自西向东”转移；以智能化为代表的新一轮科技和产业革命已经或即将对人类生产生活方式产生重大冲击，也给每个国家、企业和个人都带来了机遇和挑战。

反观中国，正处于近代以来最好的发展时期，中华民族已经站在世界舞台中央，也比任何时候都更加接近中华民族伟大复兴。然而，以美国为首的西方势力不甘心让中国顺利崛起。污名化、经济制裁、“脱钩”甚至战争都可能是西方遏制打压我国的手段。加之近几年地缘政治博弈的加剧，世界似乎越来越不太平。面对这种复杂局面，如何把握大势、抓住时机、掌控全局，让中国在变局中顺势而上就成了摆在国人面前的一项重大战略问题。

当然，不管世界时局如何变化，中国最关键还是要做好自己的事。面对纷繁复杂的变局，我们比任何时候都更迫切需要一批拥有卓越领导力的人站出来，用他们的智慧和勇气冷静判断，找准方向，身先士卒，有效应对，成为各行各业的“主心骨”；也更需要他们把大家“拧成一股绳”，不畏艰险，携手共进。这些人是谁？他们就是我想说的领导者。

领导力作为一个起源于西方的应用理论概念，深受社会心理学和组织行为学的影响。我们以前学习和研究领导力大多是遵循西方的领导学理论，如领导特质理论、领导行为理论、领导情境理论和变革型领导理论等。但我想中国的各个行业领导者要解决当下的问题，都需要更多地从我国传统文化中汲取营养，我们有必要用中国化领导力来引领中国的各类组织，做好自己的文章。

以儒墨道法为代表的中国传统文化有非常丰富的领导力营养，其对古代的社会精英，如君王、君子和士大夫应该如何做人做事有非常多的论述。回到开篇《大学》所言，领导者如果想要影响别人，那么一方面要先修身，努力让自己达到一个至善的境界；另一方面要弘扬这种美德，让美德影响更多的人。这何尝不是一种领导力。领导力的关键是要赢得更多人的追随，至善的大德不就是让人追随的秘诀吗？还有，中国自古以来就有一种天人合一的系统观念，就是把人当作宇宙的一部分，人要遵循自然界的规律，追求“天地与我并生，万物与我为一”的境界，并指出天、地、人三者虽各有其道，但又是相互对应、相互联系的。这不仅是一种“同与应”的关系，而且是一种内在的生成关系和实现原则。天地之道是生成原则，人之道是实现原则，二者缺一不可。这种系统关系论对于现代领导理论来说更是非常有价值的。领导力说到底是领导者、追随者和领导环境共同作用的结果，因此我们要把领导力当作一种系统影响力来研究，更要从领导者和追随者之间的关系互动入手。本书从领导者角度出发提出要提升自身修养和境界（道），把握好领导角色（法），提高领导方法和领导艺术（术），并不是说领导力只来自领导者，而是强调领导者只有不断提高修养和领导方法才有可能与追随者建立更好的互动，赢得更多的追随者，建立更良性的领导力系统；也只有把握好领导角色，才能更好地把握好各自关系边界，从而与追随者产生协同效应甚至裂变效应。

完善品德、提升境界诚然是领导者首先要修炼的内功，正如墨子所言，“德为先，能为上，行为善”。一个人要成就一番事业，必须将德、能、行三者完美统一。在具体的工作情景中，品德和能力最后都要通过行为表现出来，所以领导力说到底是一个行为主义的范式，也就是说，要学习和提高领导力，必须通过实践才能真正做好。

关于领导力的学习有一个“721法则”，意思是领导力的提升，10%靠理论素养，20%靠从他人身上学习（领导、榜样、家人等），而70%要依靠自身的工作实践和经验总结来获得。

在实际工作中，所有的能力最后都会体现到行动上，正如王阳明所谓“在事上磨炼”，真是大道至简，一语道破提升领导力的真谛。当然，我们强调实践的重要性并不是忽视专家的重要性。专家的作用在于从领导工作的具体事务中走出来，从较远处反观领导力的作用场景，提炼出领导力的理念和案例，告诉大家应该怎么学，从哪里学，并可以直接作用于大家的领导实践。俗话说，“既要低头拉车，也要抬头看路”。从事实际领导工作的人虽然经验比专家多，但往往容易陷入当局者迷的境地。专家作为旁观者，其作用就是不断观察、反思，抽象化形成一定的理论去指导大家的实践。

我们都知道培根的名言“知识就是力量”，但其实这句话的完整表达是：“知识就是力量，但更重要的是运用知识的技能。”我的理解是知识本身只是信息和资源，我们只有把理论与实践相结合，用知识来指导改造我们的主观和客观世界，知识才能成为力量。孔子说“学而时习之，不亦乐乎”，这里的“习”是实践的意思。中国人的文字里有很多大智慧。就拿“学习”这两个字来说，其本身就带有知行合一的意思，既要“学”，更要“习”，把这两个字放在一起组成一个词就是告诉我们不要割裂两者的联系。学和习本来就是一个事物的两面，学本身也是习，习本身也是学。所以我们的学习一定不能只停留在知道，关键是要做到。学习领导力更是如此，我们强调领导力主要来自实践磨炼，但行动的改变是始于认知的觉悟。“学思做，知信行”，意思是我们要通过不断的反思、领悟、认同（信）那个“知”，才能积极主动去“行”。所以我们既要“学”更要“习”领导力。学也是习，因为认知本身也是一种心理实践活动，而实践反过来会对已有的认知水平和心智模式进行验证，因此，学和习就像太极图的阴阳鱼，你中有我、我中有你，一起孕育领导力的提升（见图1）。

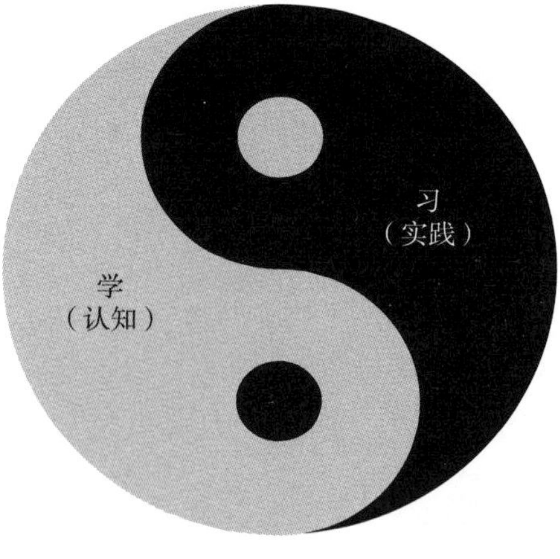

图 1　学和习孕育领导力的提升

我一直讲授领导力的课程，经验告诉我每次讲课都是一次自我提高的机会。领导力的课不太好讲的原因是每个人对它都有一定的认识和理解，是否讲到点子上大家都能辨别。说它好讲是因为一旦讲通了大家很容易产生共鸣。要把讲课的内容写成文字出版更是一次挑战，既然出书就要求对内容作一个全面梳理，要更具系统性，最好还要有理论上的提升，这对我来说压力其实还是很大的。后来我终于想通了，本书的价值不在于理论，而在于实战。如果我的哪一个观点被读者接受并被应用在领导工作的实践中，我的努力就没有白费。

目 录
Contents

第 1 章

人人都需要学习领导力

人学始知道，不学非自然。

万事须己运，他得非我贤。

——孟郊《劝学》

看到这个标题，有人可能会想：我就是个平民百姓，并无一官半职，将来也不可能当领导，也需要学习领导力？学习领导力到底有什么用？

在回答这些疑问之前，我们不妨先来讨论一下什么是领导和领导力。从字面上理解，领导首先是领，领方向、领目标，所以给不出方向的人一定不能被称为领导者；其次是导，引导、辅导、疏导。领是硬性的，方向问题一旦确定不容挑战；导是柔性的，要循循善诱（引导），要诲人不倦（辅导），还要春风化雨（疏导）。所以“领导”一词告诉我们要软硬兼施、刚柔并济。

现在我们的组织里80后、90后员工已成为主要力量，00后也开始涌现。这几代人是伴随着信息技术和现代人文思想潮流长大的，他们都受过良好的教育，获取和运用信息能力强。同时这些人大多是独生子女，他们希望在一个轻松、愉悦、受尊重、被激励的环境中工作，不喜欢被命令和被指挥，所以对他们应该少领多导，也就是说，要更多地运用软性的东西来影响他们。

我在课堂上多次问过大家，领导作为一个人来说指的是谁？答案可谓五花八门。很多人都只从职位去考虑，认为谁官大谁就是领导。当然从传统的科层制组织理论来说，这么理解也正常。但从领导科学的角度来说，这么理解有些片面。

我们知道，人类的权力有两种：一种是硬性权力即职位权力，是组织赋予这个职位的硬性影响力，如对下属的工作考核、升迁、奖金分配等权力，无论谁在这个位置上都会有这些权力。另一种是软性权力，也叫非职位权力，指的是通过个人魅力，如过往的业绩、专业能力、情商和道德情操等产生的影响力。我把这种主要通过软权力来影响别人的人称作真正的领导者。老子在《道德经》里反复提倡的“守柔，处弱，善下”就是一种适合当下领导情境的智慧。他所谓“上善若水”更是一语道破领导的哲学。这里的“上善”就是至善的意思。

虽然职位权力能帮助我们获得一种天然的影响他人的合法性和便利性，但是不是真正的领导者与职位的高低和下属的数量没有必然联系。领导者可能是政治家、企业家，也可能是一个普通人，如一位教师、一位作者、一个志愿者。现实中有的人可能职位很高，但由于他没有那种能正面影响别人的力量，他也不是我们所谓真正的领导者，他最多只能算是一个组织管理者。领导和管理在实际工作中密不可分，但两者也有很多区别：领导主要做人的工作，管理主要对事，注重把事做好；领导重视战略和方向，管理重视流程和执行；领导关注变革，管理关注效率；等等。在我看来，领导和管理的最大区别就看是否能激发人心。当然我这里说的管理指的是传统的管理，现代管理学之父彼得·德鲁克的博雅管理中很多理念和领导学是一致的，他讲的管理很多时候其实就是领导，他只是不喜欢用领导这个词而已。

我们现在可以这么来定义领导者：领导者是指那些能主要运用软权力去激发别人内在动力和善意的人。而领导力就是这种正面激发别人的能力。这里面包含两层含义。

第一，领导者要激发他人内在动力。有句话叫作“火车跑得快，全靠车头带”。这反映了传统意义上的组织管理特征：一个组织就靠那几个身居要职的人拉着大家往前走。而现代组织领导的模式是高铁模式，显著的特征是动力分散和动力下沉机制，即把动力分散到每节车厢，大家一起来推动火车往前跑。为什么要这样做？这和我们现在所处的组织情境有关系。现在我们的社会和组织里面大多是知识工作者，受过良好的教育，靠自己的专业和能力工作。能不能把工作做好往往不是能力问题而是态度问题。所以领导者不能靠命令控制的传统管理方式去对待他们，而要从如何激发他们的内驱力的角度，给予每个人充分的信任和尊重，发挥每个人的优势，并及时给予他们有意义的回报（针对每个人的需要给予回报）。只有这样，才能让大家做到“不待扬鞭自奋蹄”，群策群力推动组织不断前行。

第二，领导者要激发大家的善意。激发动力是为了提高效率，激发善意则能保证组织或个人朝正确的方向前进，做正确的事。古人说，“人之初，性本善”。但现代心理学研究已经表明，每个人的内心其实既有善也有恶。这就要求领导者要注意把大家的善意激发出来，扬善去恶。日本的稻盛和夫有一个著名的公式：人生结果=能力水平（0～100）×努力程度（0～100）×思维方式（-100～100）。能力和努力都好理解，取值都是0分到100分。关键是思维方式，即对世界的解读和应对方式，其善意程度既可能为正值也可能为负值。如果思维方式为负值，能力水平值和努力程度值越大，最后人生结果的负值就越大。就像希特勒那样，能力出众，工作越努力，给人类造成的危害越大。因此，组织里的领导者要像《大学》里阐述的那样，一方面要诚意、正心而后修身；另一方面要把自己的正能量传递给大家，从而带领大家去做大事业（治国、平天下）。于是高明的领导者都会把大义名分当作组织使命和愿景，并据此建立共同价值观来保证组织朝正确的方向更好、更快地前进。

为什么需要大义名分呢？大家知道，凡是要做成点事，一定要吸引一批优秀的人一起工作，而优秀的人一般是既有抱负又“清高”的，如果没有一个能触动他的理念和目标，很难吸引并留住他，更别说打造一个优秀的团队了。当年乔布斯创业时看中了百事可乐公司的总裁斯卡利，想让他来苹果（Apple）公司当首席执行官（CEO），斯卡利一开始没同意，因为当时苹果公司实在太小了，乔布斯就说：“你是想一辈子卖糖水，还是想要改变世界？”这句话打动了他，让他离开了百事可乐公司，做了苹果公司的CEO，用10年时间把苹果公司的营收从8亿美元做到80亿美元。特斯拉公司CEO埃隆·马斯克也曾自述他从大学开始，就总是思考什么最能影响人类的未来。他办企业的初衷也是思考“什么是最有可能影响人类未来的因素？”

而不是怎么赚到更多的钱，正是他的这种立意高远，让他总是能吸引到最优秀的人才一起共事，从而取得了令人瞩目的成功。

所以，高明的领导者一定要从利他的使命出发，把每个人心中最大的善意和潜能激发出来，并通过共同的价值系统固定和传承下去，形成一种文化。这种价值系统在激发人们善意、增强凝聚力的同时会进一步激发人们的内在动力，是一个良性的相互推动关系。这就是我经常说的，做领导的最高境界其实就是做文化。

前面说到领导力是正面激发别人的能力，而激发别人的前提是别人先要接受你、认可你，这就要求你不断地变得更好。所以学习领导力首先是学习如何做人，成为领导者的过程就是一个人健康、全面成长从而努力接近甚至达到至善的过程。说到这里，大家就会明白我为什么说人人都需要学习领导力了。领导力的培养就是自我修炼的过程，领导他人要从领导自己开始，激发别人先要激发自己。自己是不是有一个正确的人生方向？我们的使命、我们存在的价值和意义在哪里？无数伟人的经验告诉我们：个人的价值和意义只有和人类与社会的发展结合在一起才会有更充足和更持久的动力系统。我们学习领导力，首先就是要明确自己的使命和方向，从而找到人生的“方向盘”和“动力系统”，只有这样，我们遭受挫折时才不会退缩放弃，遇到诱惑时也不容易迷失自我。

在当今这样一个变革的时代，全球化与逆全球化、信息化、数字化、智能化等新概念新应用层出不穷，让人有些无所适从。与此同时，民主化、去中心化的互联网社会，又让人人都有机会去放大自己的声音乃至创造一片新的天地。学习领导力可以帮助我们在迷茫中找到方向，甚至可以帮助我们站到风口浪尖，引领时代的潮流。当然更现实的是，我们还处于一个工作专业化、时间碎片化、人际陌生化的时代，这更需要那些能主动融入团队、积极拥抱变化、自我激发、自我成长、自我完善的人，他们通过自己去影响更多的人，带领大家一起把世界变得更好，这些人就是领导者。

时代需要更多真正的领导者，学习领导力就是成为领导者的开始。

第 2 章

用行动学习法提升领导力

知是行的主意，行是知的工夫；知是行之始，行是知之成。

——王阳明

前文提到关于领导力的学习有一个“721法则”，这个法则告诉我们领导力主要来自实践，只说明了路径，没有告诉我们方法。提升领导力有两个方法。一个方法是给自己找一个领导力教练，让他熟悉你的工作情境和风格，然后定期反思在领导力方面的得失，调整心智模式，改变行为，从而提高领导力。这个方法请到合适的教练就行，无须做太多介绍。另一个方法是行动学习法，这也是下面我想重点介绍的方法。

行动学习法简单地说就是“干中学，学中干”，它源于20世纪40年代的英国。雷格·瑞文斯曾是剑桥大学物理学博士，他的导师是著名的卡文迪许物理实验室主任。瑞文斯关注到他的导师每周会组织12位物理学家分享成功和失败的经验，瑞文斯称为“与未知斗争”，这12位物理学家后来都成为诺贝尔奖的获得者。瑞文斯发现，即便是如此顶级的科学家照样存在认知局限，而打破这种局限的最有效方式不是他们自己的闭门研究，而是别人对他们认知的质疑，一旦有人提出有效的质疑，就会引发反思，不少新的观念就此迸发，而这种新的见解又可以产生裂变效应，一个人的独创见解会让很多人眼界大开，别人走过的弯路也可能成为他人的借鉴。

受到启发的瑞文斯提出一个学习的公式，即L=P+Q。他认为L（learning，学习）是P（programmed knowledge，结构化的知识）与Q（questioning insight，洞见性提问）的结合，其中，P是针对某个事物已有的概念性知识，是完成某项任务的行为或操作步骤的知识，Q是对已有认知的质疑。显然，对于常规性的问题，有非常确定的解决方案，通过学习和掌握P就可以解决，而一旦遇到高难度的复杂问题，没有现成的解决方案时，试图继续通过P的学习解决问题就行不通了，这时Q就成为解决问题的关键，通过Q可以激发出新的思考，带来全新的认知。后来由于对将核物理应用于杀伤性武器的不满，瑞文斯离开了剑桥大学出任英国国家煤矿委员会教育主任。他把煤矿的管理者组织起来，分成若干个由4～5人构成的小组，每个人陈述面临的工作难题，其他人从自己的视角提出质疑并分享经验，启发当事人找到解决方案，并相互参观他人管理的煤矿。这种全新的模式很快取得了重大成效，与相邻的煤矿相比，经过瑞文斯指导训练的煤矿在生产力方面高出30%，而且士气高涨。后来瑞文斯又在伦敦医疗急救服务机构和比利时政府经济部门应用行动学习法，均取得了突出的效果，从而在国际上引起重视，越来越多的专家加入行动学习法的研究和推广。

行动学习法的基本假设：世界是变化的，个人的经验与结构化知识不足以应对现有的挑战，依靠团队的力量，群策群力、互相激发（质疑反思）往往能找到解决问题的创新思路与方法。形成初步方案后通过大家的工作实践来检验和完善方案，然后再去实践。这其实就是“实践→经验→反思→理论（方案）→新实践”这样一个螺旋式上升的学习模式。这种方法打破了传统教育的基本假设，它不再过分强调P的重要性，而看重提问Q（question）在问题解决方面的价值，并且是在学习中行动、行动中反思，从而更具有实效性。后来的学者又在瑞文斯的行动学习公式上增加了I（implement，实施）和R（rethink profoundly，反思），即L=P+Q+R+I，如图2所示。当然在整个过程中，催化师也是至关重要的，他们不但设计、把控学习的规则和进程，还会运用一系列的团队学习工具，如头脑风暴、SMART分析法[①]、智慧墙、六顶思考帽、鱼骨图、世界咖

① SMART分析法，是管理科学技术名词，指从明确性(specific)、可衡量性(measurable)、可达成性（attainable）、相关性（realistic）和时限性（time-based）等五个方面对目标进行设定的方法。

啡等促动大家去质疑和反思，从而提高学习效率和效果。

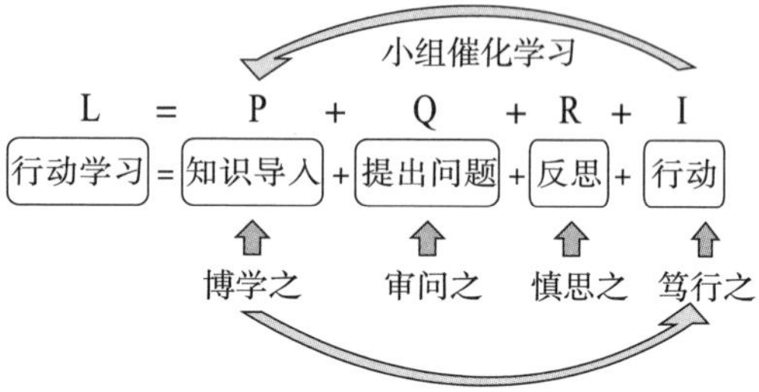

图 2　行动学习公式

现在大部分世界500强企业都用行动学习法来解决组织实际问题，他们不只关注问题的解决，更关注参与者个人能力与心智的成长，例如美国通用电气（GE）公司的“群策群力”和花旗银行的“团队挑战”等。还有的行动学习流派如英国经典流派和北欧行动反思流派以解决个人问题为主，特别关注对行动学习个人的质疑与反思。催化师通过帮助问题主人反思现有的经验和认知，从而获得新的视角，调整心智模式，并创新性地解决问题。

行动学习法虽然是西方学者发明的一套学习方法，但其基本思想和我们并没有隔阂。从“学而时习之”到《中庸》提出的“博学之，审问之，慎思之，笃行之”，到后来一般认识论的“知行合一”，再到毛泽东在《实践论》里提到的实践和认识的关系都是行动学习的思想，所以行动学习法在我国有肥沃的文化土壤。从20世纪90年代开始，行动学习法就受到国内培训机构的关注。原中央组织部培训中心（现为中央组织部全国组织干部学院）与国家行政学院［现为中央党校（国家行政学院）］适时将行动学习法引进我国公务员培训领域，进行了积极的研究和探索。1999年开始，先后在甘肃、青海、四川、内蒙古、广西、重庆、海南等省（自治区、直辖市）推广行动学习法，帮助解决了包括环境保护、生态旅游开发、区域经济发展等一系列难题，有效地推动了这些省（自治区、直辖市）的经济建设和改革发展。原国家行政学院还把行动学习法引入日常干部培训工作中，并率先在华润集团大力实践，后来又在中国建材、国机集团等央企中慢慢推广开来。

2004年底，宁高宁从华润集团调任中粮集团，从而把华润的行动学习法经验带到了中粮集团。从2005年4月第一次高层战略研讨会开始，中粮集团所有类似会议都是采用这种以问题为中心、以小组为单位、运用行动学习工具，在催化师的引导下群策群力制定解决方案的行动学习的方式来进行。后来通过举办轮训班，中粮集团又把这一方法推广到各级团队，包括对新并购的企业，也用这个方法进行企业文化和工作技能的整合，从而使行动学习法成为中粮集团在文化塑造、战略制定、领导力和团队建设等方面的主要工作和学习方法。

回到领导力提升，我说过70%靠实践，这里的实践不是低头苦干和蛮干，而是要不断地与经验、理论相结合并相互促动，这其实就是行动学习的过程。所以行动学习法天然就是提升领导力的好方法。就像曾经担任过GE公司管理培训顾问的詹姆斯·诺埃尔所说的那样：我们通过行动学习的方法，成功地帮助世界各地的公司重塑他们的领导人……我们已经使数千名参加过行动学习的学习者能够在矛盾、复杂和不确定的环境中高效、自信地实现领导……许多知名公司一直将行动学习法作为提升领导品质的秘密武器。

行动学习无论以什么问题作为学习主题，其过程都能帮助大家提高甚至重塑领导力。具体来说，我认为至少可以提高以下五个方面的能力。

一是聚焦问题与关注目标的能力。行动学习本来就是从问题出发到问题解决的学习，会让大家形成问题导向。制订行动计划时，运用目标与关键成果法（objectives and key results，OKR）等工具，既有具体目标，也有衡量目标实现的具体指标，还有完成指标的行动步骤以及责任人和时限要求等，保证提出的目标切实落地。这让团队或个人的目标、路径非常清晰，围绕问题的解决开展反思、行动、再反思、再行动……直到问题的最终解决。这种从复杂问题出发，经历茫然、不知所措，再由集体智慧碰撞逐渐找出一条路来的过程，其实就是领导者引领团队明确方向与目标的过程。所以行动学习法既是学习方法，也是工作方法，更是领导方法。

二是民主意识和科学决策的能力。在行动学习中，通过一系列的流程和对工具的使用，不断强化大家平等参与的民主意识。如营造“没大没小、没上没下”的氛围，打破层级限制，强调无论职务高低、资历深浅、年龄大小都一视同仁，都具有平等的发表意见及表决结果的权利，等等。与此同时，在聚焦问题、分析问题、解决问题的过程中，每个人难免会受到自身经验的影响，在行动学习小组研讨中，催化师会带领大家提出澄清式问题和探究式问题，问题主人在回答问题过程中，就是在不断借用他人的角度重新思考，反思自我认知和思维方式，从而突破自身局限。经过几轮催化后，大家对问题的认识会上升到一个全新的层面，并且在不知不觉中，大家的系统思维能力得到提高，学会更全面地看待事物，从而增强科学决策能力。

三是**沟通协调能力**。行动学习小组催化要求每个人提高聆听和提问（质疑）的能力。通常我们的聆听能力可以分为四个层次，即下载式聆听（只能听到自己想听的）、事实式聆听（可以听不同意见，但只认可自己原来的想法）、同理式聆听（从他人言语背后的基本假设去听，站在对方的角度去理解）、生成式聆听（感受对方内心的使命和力量，从而与对方的未来发展相联结），如图3所示。在行动学习小组催化中，催化师会提倡同理式聆听，并会努力营造氛围让大家尝试生成式聆听（集体心流），一旦尝试成功，所有人都能体会“集体共创”这种妙不可言的感觉。在小组催化中大家只能用提问而非建议的方式来质疑，提问最好是开放的，不设前提和条件，还要求大家放下已知，保持对他人的关爱和关注，等等。所有这些要求其实都是在训练一个人的沟通能力。在小组学习和方案实施过程中，有时要争取内部各方的支持及外部资源，无形中锻炼了大家的协调能力。

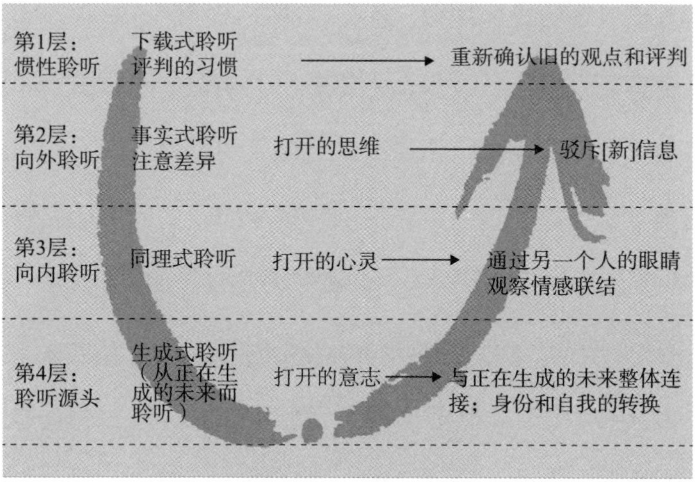

图3 聆听的不同层次①

四是学习反思能力。在行动学习中，催化师会陪伴大家一起质疑与反思，包括对问题的澄清、对原因的分析和对行动方案的提升。参与者对认知模式、思维方式乃至信念层面的反思，是行动学习有效开展的关键。小组催化的过程其实是通过提出有洞见的问题引发大家深层次的反思，从而打开认识问题与分析问题新的角度和层次的过程，这个过程是不断学习反思、不断发现自身不足的过程，从而养成谦逊的品质，激发学习的动力，使自己不断进步。

① 参见奥托·夏莫《U型理论：感知正在生成的未来》（全新升级版），邱昭良、王庆娟、陈秋佳译，浙江人民出版社，2013。

五是教练领导的能力。在解决个人问题的行动学习中会不断要求大家转换角色，每个人要扮演催化师、问题主人和学习伙伴等角色。这就要求大家要学会催化的能力，即扮演问题主人的思维伙伴，通过聆听和提问，帮助问题主人主动反思，找到解决问题的新路径。这个过程就是教练领导的过程。

当然，行动学习也可以将领导力提升作为学习主题。我曾多次主持一些单位领导力提升的行动学习项目。一般做法是：事先对单位高层领导进行访谈调研，找到该单位干部在领导力方面需要重点解决的问题。然后将学员按差异化最大原则（每组学员的年龄、地域、职务、性别、学历等差异越大越好）分组，每组6～8人。大家在听取领导力和行动学习相关课程之后，分组讨论，要求从自身经验出发围绕事先调研得出的问题进行聚焦，引导大家与领导力模型中的标杆指标进行对标，从而找出自己的问题（突破方向）。最后大家总能聚焦到感召力、学习力、决策力、组织力、教导力（带队育人）、执行力、创新力、沟通力等方面来。接下来让大家自由选择其中一个能力作为自己的主攻问题，根据大家选择的主攻问题再重新分组（形成小组共同主题）。各个小组根据主攻问题结合单位的业务发展和团队建设两个维度进行讨论，分析影响这些能力的关键因素，并找到能力提升的解决方案。之后大家回到各自单位按方案进行1～2个月实践，然后再回来集体反思，改进方案，接着按新方案去行动。这样的过程不断反复，经过半年到一年的时间，最后各组都可以拿出相对成熟的方案在全班作阶段性成果汇报。其实，把各组方案汇总在一起就是一套提升该组织领导力的大方案。所以，有条件的单位可以选择与专业的行动学习机构合作来开展行动学习，这是有效解决组织的重大问题、提升领导力的最佳方法。

总之，应用行动学习法，不管是否以领导力为主题，都能让大家更高效地提升领导力。

案例：用行动学习法助力乡村教师能力提升

成立于2016年的“萍聚京城”公益项目源于一群在北京工作的青年人为回报家乡（江西萍乡），每年组织老家的乡村教师暑期免费赴北京参加一周的高端培训，以帮助他们更新知识、开阔视野、改变理念，从而提升当地乡村教育水平。历经7年，该项目用“100个有理想的人去影响10000个乡村孩子”的使命吸引了大批有识之士加入。

笔者从2020年开始在该公益项目中主导运用行动学习法来培养乡村教师。2022年引入英国经典流派教练引领式行动学习合作伙伴的催化师力量，从老师个人面临的实际复杂问题入手，通过小组催化澄清问题，分析原因，制定行动方案。

2022年6月底，我们用线上学习方式对22名志愿者进行了3轮催化师培训。7月笔者回到萍乡主持行动学习启动会，讲解行动学习理念和实践案例，并将选拔出来的老师进行分组，每组配1～2名之前参训过的催化师志愿者，由催化师带领大家进行小组催化。小组成员轮流做问题主人，提出自己最想解决的实际问题。然后大家自由提问，帮助问题主人澄清问题、重构问题，并对问题原因进行探究式提问。提问结束后，小组成员进入反思分享，每个人从小组催化体验、收获、过往相关经历、对问题主人的支持或挑战、提供对问题主人有价值的信息源等方面进行反思。问题主人最后作反思，主要谈自己的收获和下一步的行动计划。最后大家对研讨过程进行反思，提出自己或他人在小组催化过程中做得好的和还可以做得更好的方面。

小组催化流程[①]有以下七个步骤。

① 依据Action Learning Associates的方法。

1.竞选问题主人。

2.问题主人向全组分享自己提出的问题，并简要阐述原因和背景。

3.澄清式提问。

4.探究式提问。

5.小组成员依次分享自己的反思（支持或挑战，信息，体验与收获，反思自己的相关经历）。

6.问题主人总结发言（感觉、收获和行动计划）。

7.催化过程反馈。

2022年8月，乡村教师来北京参加为期一周集训，主要围绕大家在第一次小组讨论中提出的主要问题进行知识补充，邀请相关领域专家讲座交流，并对未来一年的行动学习进行规划展望。

此后，每个月各小组都要集中一次作线上催化学习，大家轮流当问题主人和催化师，进一步完善行动方案，也提升自己的催化技术，同时大家依照方案进行实践，并依据实践中的收获和反思不断完善自己的行动方案。经过5轮小组催化和不断实践，大家的问题解决路径越发清晰，不少教师已经有了阶段性

表 1　行动学习法——行动计划举例

少数关键目标	行动步骤		衡量标准和输出成果物	责任人	配合人	所需资源（支持）	开始时间	完成时间
一年内，PPT制作精品数量增多，教学计划形成自己的模式，学生参与课堂人数增多，中等生成绩提高、平均分提高，获教学类荣誉证书数量增多	3.1	一周学习精品课一节或者听专家讲座一堂	听课记录或美篇	段洁	同事	一师一优课赣教云	2022 年 10 月 7 日	2023 年 6 月
	3.2	一个月至少制作五个精品课件	原创 PPT 课件	段洁	同事	网络优秀教师	2022 年 10 月 7 日	2023 年 6 月
	3.3	一个月至少打磨两节精品课堂	教学计划、逐字稿、听课记录	段洁	金小玲、同事、学生	同事磨课及研讨	2022 年 11 月开始每月	2023 年 6 月
	3.4	每天督促学生背书和记单词闯关	闯关表、考试成绩表	段洁	学生	英语教师的法宝公众号	2022 年 9 月 20 日	本学期末
	3.5	学习金小玲老师愉快教学法，课堂 PK 赛引导学生参与，指导中等生学习方法并提高成绩	学生周记本，PK 赛绩、成绩表	段洁	金小玲	愉快教学法	2022 年 11 月 17 日	2023 年 6 月
	3.6	至少参加或指导两次比赛，至少获一个县级一等奖（或以上）	比赛美篇、荣誉证书	段洁	学校、金小玲老师、学生	金小玲老师指导，学校配合	2022 年9月	2023 年1月底

注：资料来自教师段洁的作业。

成果。笔者辅导的那个小组有6位教师，大家都取得了明显进展。有一位刚参加工作5年的教师已经规划出未来10年的成长方案，并按步骤取得了一些成果（见表1、图5）。从她提交的作业可以清晰地看到一个名师正在成长。

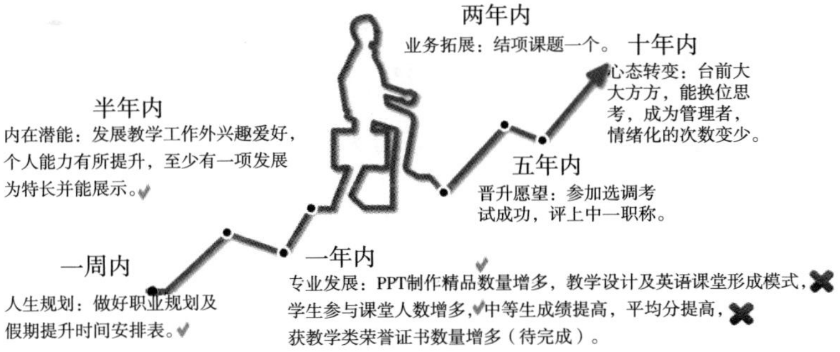

图5　行动学习法——目标完成情况自查举例

注：资料来自教师段洁的作业。

另有一位教师提出的问题是“如何加强与学生沟通”。当时她很困惑甚至有点无助，感觉自己和学生沟通很困难。经过半年的行动学习，她从找自身问题入手，制定了一套行动方案。她自学了心理健康和沟通的课程和书籍，同时给学生和家长举办相关的讲座和活动，让大家同步提高。为建立良好师生关系，她每周收集一次“心情纸条”倾听学生烦恼与感受，每月搞一次“师生来信”活动加强沟通；一个学期对全班学生做一次家访，并对重点学生家访三次；还坚持每天对一位学生进行课后学习辅导；等等，收到了良好的效果。在创设优质沟通环境方面，她运用行动学习催化技术，对重点学生进行催化，倾听学生心声；每月举办一次班级开放式主题交流活动和一次主题情境体验活动（包括说明情境、体谅情境、体验情境、实验情境、后果情境、道德两难情境、冲突情境等）。为增加沟通机会，她每周安排一位学生自由采访一位老师，设置奖项以鼓励学生主动提问和积极回答问题，等等。如表2所示。通过以上行动，加深了学生和教师的相互了解，增进了彼此的感情。那位教师也越来越自信、越来越轻松。

还有一位教师，她提出的问题是“如何让自己的孩子主动自律地学习”。她在第一次抛出这个问题时，我能明显感觉到她的焦虑。通过小组催化，她意识到孩子的问题也要从家长身上找原因，同时更要设法让孩子找到自主学习的内驱力。最终她给自己制定了学会放手、控制情绪、给孩子树立榜样、给孩子营造安静学习环境等措施，并运用和孩子一起树立短期目标、让孩子自主制订学习计划、自己和教师及时表扬孩子的点滴进步等方法调动孩子学习兴趣。还与孩子一起制定规矩，严

表 2 行动学习法——行动计划完成情况举例

序号	解决方案 / 措施		行动	衡量标准或输出成果	责任人	配合人	所需资源（支持）	开始时间	完成时间	完成情况
1. 学习心理健康知识，沟通理念与方法	教师	1.1	讲座：姚计海教授的“教师与学生的心理沟通”、北京师范大学心理学部刘翔平博士的“教师如何通过积极关系满足学生的心理需要”	讲座笔记	钟佳	—	讲座资源	8 月 5 日	10 月 31 日	达标
		1.2	每天阅读 30 分钟 书籍：《教师与学生的心理沟通》《学生个案诊疗》	撰写论文一篇、学生个案一篇	钟佳	—	书籍	9 月 2 日	11 月 31 日	个案未完成
		1.3	培训：江西省中小学教师心理健康辅导能力培训	培训证书	钟佳	—	赣教云	9 月 2 日	12 月 31 日	达标
	学生	1.4	学习课例《学会沟通交流》“正确对待不同看法、真诚坦率很重要、与人沟通讲方法”	教学课例（PPT、教案、上课图片）	学生	教师	赣教云、道德与法治资源	9 月 2 日	12 月 31 日	达标
		1.5	召开一次学会沟通主题班会	主题班会记录	学生	王璐	班主任	9 月 2 日	12 月 31 日	达标
	家长	1.6	开展两次家庭教育培训	照片	钟佳	家长	家庭教育线上培训资源	9 月 2 日	12 月 31 日	达标

续表

序号	解决方案 / 措施	行动		衡量标准或输出成果	责任人	配合人	所需资源（支持）	开始时间	完成时间	完成情况
2. 创造良好师生关系	教师	2.1	每周收集一次“心情纸条”倾听学生烦恼与感受，每月一次“师生来信”	教育叙事一篇	钟佳	学生	班主任	9月1日	12月31日	教育叙事未完成
		2.2	本学期开展一次全员家访，对重点学生进行3次家访	家访记录	钟佳	家长	家校沟通方法	9月1日	次年1月20日	达标
		2.3	在校每天对一位学生进行课后辅导，居家隔离期间11月7—23日每天辅导5位同学	辅导记录	钟佳	学生	—	9月1日	次年1月	达标
		2.4	在校每天课上对全员学生点名回答问题，3名学生主动回答问题；居家隔离线上学习期间11月7—25日每次辅导全员提问	主动举手回答问题情况统计表	钟佳	学生	苏孝琳	9月2日	12月31日	达标

续表

序号	解决方案 / 措施	行动		衡量标准或输出成果	责任人	配合人	所需资源（支持）	开始时间	完成时间	完成情况
3. 创设沟通环境	教师	3.1	对重点学生进行催化，倾听学生心声，学生表达自我	催化记录	钟佳	学生	萍聚京城公众号资源、行动学习催化 PPT	9 月 2 日	12 月 31 日	达标
		3.2	每月一次开放式的主题交流活动	记录	钟佳	学生	主题活动资源	9 月 2 日	12 月 31 日	达标
		3.3	每月开展一次班级活动搭建沟通平台	活动记录	钟佳	学生	学校	9 月 2 日	12 月 31 日	达标
	学生	4.1	每月一次主题情境体验（包括说明情境、体谅情境、体验情境、实验情境、后果情境、道德两难情境以及冲突情境等）	活动记录	学生	教师	情境主题	9 月 2 日	12 月 31 日	达标
		4.2	每周一位学生采访一次老师	采访记录表	学生	教师	采访提纲（可自列）	9 月 2 日	12 月 30 日	达标

注：资料来自教师钟佳的作业。

格遵守，奖罚及时兑现。经过几个月的努力，孩子进步明显，家长的焦虑也没有了。

通过半年的行动学习，教师们所提的问题正在慢慢解决，领导力也明显得到提升。大家在沟通能力、反思能力、执行能力上都有了不同程度的进步。特别是在小组催化过程中，教师们学会了以他人为中心的沟通方式。他们大多学会用提问的方式引导学生，让学生感受到老师的尊重，师生关系变好了，变得愿意和老师交流了。

第 3 章

领导工作及其职责

简单来说，领导工作是指明确组织方向和目标，并通过培养和激发追随者，建立共同的价值观，让大家齐心协力地工作，从而更高效地实现组织目标。在这个过程中，领导者必须把握三个方面的职责。

第一个职责是要明确组织的方向和目标，并建立共同的价值观。无论对谁来说，未来都带有不确定性，但是在这种不确定性中还是有一些规律性的东西可以去把握的，比如社会发展的大趋势、商业和技术的演进、组织的成长规律等。

对于一个组织来说，其方向即使命、愿景和战略，这些必须要明确。组织的使命就是组织存在的理由和价值追求。组织的愿景是指对未来的憧憬和期望。这些大问题关乎组织是什么，组织要往哪里去的问题，是组织哲学层面的问题，领导者必须想清楚。组织战略则是围绕着使命、愿景的实现所制定的组织发展规划，具着眼于企业发展的根本性、长期性和总局性的问题，包含目标和计划。使命和愿景一旦确定最好不要改变，但战略和目标可以根据实际情况的发展作一些调整。可能有人会问，既然目标可能变化，为什么还要制定目标？这是因为组织领导者是带领一群人前进，必须集合组织资源，朝主攻方向布局。如果没有目标，组织就是一盘散沙，群体就会成为“乌合之众”。

当然目标调整的前提是不能违背组织使命和愿景。下面我们先来看几家知名公司的使命和愿景。

腾讯公司使命和愿景：用户为本，科技向善。

谷歌（Google）公司使命：整合全球信息，使人人皆可访问并从中受益。愿景：致力于创建有用的、快速的、简单的、有吸引力的、创新的、适合大众的、有用的、漂亮的、值得信赖的、个性化的应用。

迪士尼（Disney）公司使命：使人们过得快乐。愿景：成为全球的超级娱乐公司。

使命是一个组织的“道”，一般是抽象的表达，并为公司提供一种原则、方向和哲学。愿景则是组织的远期目标。使命回答“我们是什么”，愿景回答“我们要成为什么”。他们之间的关系是使命决定愿景，愿景是使命的具体呈现，两者一起决定组织战略和目标。

有了目标以后，对于领导者来说最大的挑战是要带领一群人为一个共同的目标奋斗。难就难在这群人能力是参差不齐的，其优点和缺点并存、善与恶兼具，并且各有各的心思。我认为，解决这个难题的“灵丹妙药”就是建立组织的核心价值观。建立核心价值观就是要把大家做人做事的原则统一起来，形成一种合力。

组织核心价值观一般由组织高层管理者率先提出，但也要尽量让更多人参与讨论、发表观点、贡献智慧。参与度就是遵从度，众人提炼出来的价值观才更容易被大家接受。核心价值观一旦建立就要注重宣贯，还要把价值观抽象地表达转化为可衡量的行为标准，并作为重要绩效指标来考核，只有这样，价值观才能真正落地。同时要大力表彰和宣传相关的榜样人物及其事迹，让大家“看见”价值观并效仿之；要淘汰那些不接受甚至抵触核心价值观的人员，不管他们是谁，也不管业绩多么突出；招聘时要有意识地选用那些符合公司价值观标准的人，等等。只有这样长期坚持，组织核心价值观才能真正化为大家共同的“基因”。我们看到凡是成功的企业，其员工身上都会有独特的组织烙印：国际商业机器（IBM）公司的员工身体里流淌着“蓝色”的血液，迪斯尼的职员自带欢乐的气场，华为人则总是一副奋斗者的形象……

美国GE公司是全世界最为庞大的多元化企业，业务涵盖制造、科技、能源，乃至金融服务等诸多领域。同时，GE公司频繁的企业并购交易使得企业的组织和产品构成经常发生调整，因此该公司采取的是以价值观驱动的领导力开发的模式。GE公司所奉行的价值观被称为增长型价值观，它涵盖了这家公司认为最核心的五个价值理念：专注对外、思维清晰、富于想象、包容大度、独具专长。

GE公司的所有员工和领导者被要求在这五个方面进行领导力的开发。当然，对不同层级的人员，在这五个方面的要求是不同的。在明确了这五个方面的基本要求以后，GE公司采用的更多是授权式的领导力开发方式，即激发员工积极性和主动性的领导力开发模式。在GE公司，被问到的最多的问题是“你想怎么干？”“你需要什么支持？”这要求每个人用领导者的思维去思考每天面对的问题和挑战，并通过开创性的思维去解决问题。同时，GE公司经常采用一种自下而上的解决问题的方式，运用群体的智慧解决问题，这种方式在GE公司被称为“work-out”（群策群力）。在这种解决问题的讨论中，常常会涉及非常有挑战性的问题，要发挥每个人的领导力和才智。

当每个层级在被这样的价值观和授权式领导方式驱动的时候，自然会焕发出一种组织精神，这种自下而上的、打破边界的领导力的开发方式，为GE公司赋予了一种不同的领导力的模式。因此，这家公司的领导者和员工更有活力、更有主动性，这也许是应GE公司多元化经营的业务需要而设计的领导力开发的模式。

可能有人会说，我办企业就是想赚点钱而已，用得着搞这么多虚的东西吗？客观地说，很多企业主一开始创业就是为了发家致富，凭一个好产品、好服务，在一个好时机就做起来了，稍微有些规模后才会感觉做企业好像不光是为自己了，起码还要考虑一起创业的人（如果企业负责人够义气的话），只有企业发展到足够的规模才可能去考虑社会责任。但在这个过程中我们会发现很多企业成了过客。我国央行在2020年发布过一项调查表明：中国中小企业平均寿命在3年左右，美国是8年左右，日本是12年左右。

为什么会这样？因为那些失败的企业都是些“缺魂”的组织。从胡志标的爱多到吴炳新的三株药业再到冯鑫的暴风科技都是如此。爱多和三株这两家企业有一个最大的共同点就是企业负责人都是做业务、做广告的高手，凭着营销手段和胆量迅速发展为业内数一数二的企业。公司壮大后企业负责人还是只专注于做业务，不从组织发展的规律和本质出发建设企业，结果一有“风吹草动”企业很快就垮掉。暴风科技凭一款播放器起家，2015年登陆创业板，成为当时的“股王”，最高市值曾经超过408亿元。然而，2019年公司突然“猝死”：董事长冯鑫因涉嫌行贿、职务侵占被逮捕，高管纷纷离职，业务一落千丈，到2020年7月1日停牌时市值只剩4.88亿元，并于当年11月退市。

使命、愿景、价值观其实是组织的“灵魂”，是一种“无用之用，方为大用”的东西。想要把企业做强做大做久，领导者必须优先考虑这些重大问题。

延伸阅读：小米公司独特的极客文化

小米公司成立于2010年，经过10多年的发展，小米公司已成为一家专注于手机、智能硬件和物联网（IoT）平台研发制造的互联网公司。目前小米公司的产品已远销到100多个国家，2022年手机销量排行全球第三位。如果要总结小米公司的成功，其优秀的企业文化是无法绕开的话题。

小米公司文化简单地说就是工程师文化。公司8位创始人中有6人是工程师，另外2人是设计师，都是消费电子设备狂热的发烧友，所以小米公司文化也被称为极客文化。

2018年，雷军在小米公司上市前曾经发布一封公开信《小米是谁？小米为什么而奋斗？》，系统地介绍了小米公司的文化理念。雷军在信中介绍了小米公司的使命：始终坚持做“感动人心、价格厚道”的好产品，让全球每个人都能享受科技带来的美好生活。公司的愿景：和用户交朋友，做用户心中最酷的公司。据此，我们可以对小米公司文化作一次探析。

企业文化就是要深入员工内心，找到最能同频共振的东西，从而激发出大家内在的动力。工程师最反感的就是办公室政治，而是希望能在一个简单、民主、受尊重的氛围下各显其能。为此，小米公司采用了扁平化组织结构，上下沟通层级不超过3级，分别为创业合伙人、部门主管、工程师。并且给大家充分的信任和自由，不搞关键绩效指标（KPI），不打卡，也很少开会，从而营造一个非常舒适的工作氛围。

小米公司的激励制度也很健全。一方面公司实行全员持股，全员投资计划，并提供了持股门槛较低且灵活的股权和薪酬组合供员工选择，让大家都成为公司的股东，发挥主人翁精神。另一方面，公司注重培养员工荣誉感和使命感。让所有员工直接面对用户，将用户的认可作为激励的依据。当员工天天面对成千上万个“米粉”，并热情互动，大家自然会产生一种深深的荣誉感和责任感。

从深层次来说，工程师内心都希望通过技术创新和顶尖设计创造出极致产品。小米公司非常注重创新和学习，“为发烧而生”是小米公司极客文化的重要理念。每款产品从设计开始就精益求精，力求打造“爆品”。一方面要求员工运用最新的设计、最新的技术不断创新；另一方面逼着员工不断学习：向标杆学习、向用户学习。小米公司的营销也是一个成功的创新案例，他们利用网络、论坛、电子商务平台，发展了一大批“米粉”。更重要的是，小米还通过创新营销（去掉中间环节，发展粉丝）和厚道价格（永远坚持硬件综合净利率不超过5%），让产品尽量惠及更多的人，从而让小米人获得一种科技惠民的崇高使命感，激励着小米人把产品做得更好。

作为一个用户导向型公司，小米公司将“让用户参与，为用户创造价值”的理念贯穿到公司的整个价值观体系中，从公司组织结构、员工绩效评估以及日常的工作安排，无不深刻体现着这一原则。当你把小米商标（logo）旋转180度后会发现它很像汉字的“心”。它有两层寓意：一是企业用心，二是用户放心。

小米公司倡导和用户做朋友，每年都会深入社区举行多场零距离接触会，并通过各种活动满足用户内在的社交需求、价值需求、荣誉需求和参与需求。例如，小米公司为了打造“米粉”文化，充分运用微博、微信、米聊、论坛、线下体验店等渠道，与用户频繁互动交流。还将每年4月8日定为“米粉节”，不断推出“爆米花”“金米兔”等活动，让更多用户有机会走进企业，甚至还能成为小米公司的员工。

小米公司坚持把用户作为推动公司发展的动力，从设计、生产到销售各个环节都注重用户的参与感。小米公司很多产品设计和米柚（MIUI）系统的升级都有“米粉”的贡献。通过用户参与，还提高了用户黏度和与用户交流频度，让用户变为朋友，增强了品牌知名度。

需要强调的是，当人们以厚道的价格获得这些极致产品，并且产品的进步和自己的参与有关时，内心自然就会产生感动。当大家意识到这种感动来自独特的小米文化，心中对小米公司会不由自主地产生感情，从而让小米公司成为他们心中最酷的公司。

第二个职责是平衡多个目标，并用制度和文化的力量驱动大家去完成它。组织的主要领导一定要学会从具体业务中抽身出来：坚定信念、引领方向、把握大局，并善于用制度和文化的力量驱动大家朝目标前进。制度与文化既有区别又紧密联系。制度是显规则，写在纸上；文化是潜规则，写入人心。文化要通过制度去落实，制度一旦被大家认可，也会转变为文化。所以制度与文化是组织运转的“一体两面”，两手都要抓，两手都要硬。

当然各个层级的领导有各自的工作重心，高层领导主要把握方向，中层领导要重视带队伍，基层领导则要更多地围绕具体任务抓落实。但不管对于哪一级的领导，关注目标的进展都是重要职责。对于企业来说，领导者至少要关注两个目标。

一是经济目标。一家企业要生存和发展，必须有相应的经济绩效指标，否则无法生存，更别说长远发展了。至于如何完成，更多的是经营管理范畴的事，每家企业都有各自的高招。但对于领导来说，需要提醒的是注意平衡短期目标和长期目标，或者说要更多地关注长期目标，不能因为短期效益牺牲长期利益，有些时候甚至要牺牲一些短期利益去发展长期利益。任正非在2019年全国科技创新大会上的发言中谈道：“公司要有理想，就要具有在局部范围内抛弃利益计算的精神。”华为公司长期坚持每年拿出销售收入的10%以上作为研发费用，为突破技术瓶颈，近年来更是开始资助一些基础科学的研究。正是这种未雨绸缪的布局，面对美国的打压，华为的腰杆还能挺得这么直，连续拿出海思和鸿蒙这两个自主技术产品。这是领导战略眼光，更是领导水平。

二是社会目标。任何组织都是社会的“器官”，不可能独立于社会而存在，也就是说都需要承担必要的社会责任。德鲁克说过组织的价值一定在组织之外：企业是因为某个市场需求，军队是因为国家安全，学校是因为学生的教育……所以，领导者必须眼光向外，否则会陷入自娱自乐、危机重重的境地。领导者要时刻把头抬起来，眼睛盯住组织的方向和目标，并把所有内部管理工作围绕在为外部创造价值这个中心上来。这就像足球运动员一样，你的球技再好，也不能只低头沉溺在自己的技术里，而要始终抬头关注队友和对手，把进球作为球队目标，发动一波一波的攻势，这样才能取得胜利。

第三个职责是要培养和激发人，并让更多的人成为我们的追随者。我在阐述领导者的概念时曾经说到激发人的问题，这里就不复述了，本部分重点谈谈培养人的问题。这里用“追随者”这个词，是因为在现代的组织里更多的是知识工作者，他们自带生产工具（大脑），并且能自主选择为谁工作。他们不喜欢被人管，喜欢和那些他们认为值得追随的人一起工作。

当我们给别人布置一项任务的时候对方可能会有三种反应：一是抗拒（反对，不接受。口不服心也不服），二是服从（迫于压力不得不去做，口服心不服），三是追随（主动地创造性地去做，口服心服）。我经常用这样一个例子来说明什么是追随：假设我请你今天夜里两点去机场帮我接一个人，你可能会有以下反应。第一种可能是抗拒，找个理由拒绝我。第二种可能是服从，迫于某种压力，本来不想去但硬着头皮也要答应，表面平静接受，内心翻江倒海。还有第三种可能，比如我告诉你要接的人正好是你喜欢的人。你会有什么反应？你肯定欣然答应，还会感谢我给了你一个这么好的机会！并且你可能还会想一些办法把事情办得更漂亮。这时我们发现你不仅是心甘情愿去完成，还会创造性地去做好，这样的行为就是追随。

追随者与领导者是相互影响和相互成就的。一方面，领导者能激发追随者的动力和潜能，让他们成长得更快。另一方面，追随行为是一种主动选择的结果，除能帮助领导者完成绩效目标外，还能激励领导者去完善自己。领导力大师本尼斯说过："没有伟大的追随者就没有伟大的领导者。""衡量一个人的领导力要看他有多少追随者。"因此，领导力在某种意义上也是让别人追随你的能力。

组织需要大量优秀的成员才能高效完成组织目标，并且今天的追随者将来可能成为领导者，因此今天的领导者主动培养人就显得特别重要。成功的领导者都会把培养人当作头等大事。美国GE公司前总裁杰克·韦尔奇在该公司陷入危机时接手担任CEO，并重新把GE公司带到一个新的巅峰。他曾经说过自己把50%以上工作时间花在人事上，并自认为最大的成就是关心和培养了人才。他刚上任时大力削减业务和费用支出，却同意拨款4600万美元去修缮人才培养基地——克劳顿村，并大力发展公司人才培训体系，还躬身力行带领公司高管定期去给大家授课。后来克劳顿村被誉为商界的哈佛商学院，为GE公司乃至企业界培养了大批领导人才，可见他们的人才培养做得有多好。

IBM公司曾经在郭士纳的带领下成功地进行了转型，其背后也有一个强大的领导力提升体系在起作用。他上任时召集行为学家，结合IBM公司转型发展的战略构想和价值观，以及组织的现有行为特征，开发出了在领导力发展方面的11项领导素质，并细分为62个领导特质，从而建立了一个IBM领导力素质模型，并根据这个模型来选人、培养人。郭士纳后来总结说，如果没有这套领导力的开发系统作为保障，IBM公司的成功转型和变革是不可能发生的。

一个组织领导者如果不去培养人会出现什么状况？有本事的人因为感觉不到成长的机会而选择离开，留下的都是没闯劲或者没机会的庸才，这就是所谓人才逆淘汰现象。于是，一方面人才在不断地流失，另一方面领导者经常抱怨缺人才，还幻想人才会从天而降，解决他的所有问题，这显然是荒唐的。现实中不可能有完全符合你需要的现成的人才一直在等着你用，大多数人只需要拉一拉、压一压就能用好。领导者要善于发现每个人的优势，把他们安排到相对合适的岗位，培养他们，并不断给他们成长的压力和机会，这样的组织才会人才辈出。如果我们注意观察的话，则会发现成功的组织都是业内“黄埔军校”，如这些年IT领域那些创业成功的所谓华为系、阿里系和腾讯系的老板。这些人的成功都曾得益于原公司的培养，所以创业之路才走得更顺利。

很多成功企业都有继任者计划，会要求管理者从上任那天就要开始寻找接班人。这其实是从制度层面让领导者去关注人才的培养。一个领导者如果没有在培养人上花大力气，不管有什么借口，他一定不是称职的领导者。只有重视培养人，帮助人才成长和发展，人家才愿意追随他，组织的氛围才会是融洽和向上的，事业才可能蒸蒸日上。

第 4 章

至善领导之道

夫道，有情有信，无为无形；可传而不可受，可得而不可见；自本自根，未有天地，自古以固存；神鬼神帝，生天生地；在太极之先而不为高，在六极之下而不为深，先天地生而不为久，长于上古而不为老。

——庄子

学习领导力要从学习做人开始，所以我讲课的时候不喜欢一上来就讲领导方法和艺术，那只是术和末。最根本的还是道，道是最本质的规律，是本源和原则。领导之道就是做人之道，做带头人之道。明道以后再以道御术才是正道，否则就有舍本逐末、缘木求鱼之嫌。

《尚书·仲虺之诰》有云："德懋懋官，功懋懋赏。"意思是有功的人要奖励金钱，而只有德行高的人才能当领导。"领导力之父"沃伦·本尼斯在他的著作《成为领导者》里强调了"正直"是一个重要的品质。美国的两位学者库泽斯和波斯纳在他们合著的《领导力》（第五版）中把领导哲学问题归结为"信誉"，认为这是领导力的基石。但我觉得都不够全面，也不够深入，在正直、信誉背后可能还有更深层的东西值得探讨。我在日常学习和教学过程中不断琢磨，从中国传统文化中得到一些启示，并感悟出四条领导之道：利他、守真、虚怀、大勇。

一、利他之道

> 上善若水。水善利万物而不争，处众人之所恶，故几于道。居善地，心善渊，与善仁，言善信，政善治，事善能，动善时。夫唯不争，故无尤。
>
> ——《道德经》

一看到利他，有人可能会疑惑，现在是市场经济时代了，应该讲竞争啊，还能讲利他吗？这是不是太理想化了。当然，我也不提倡把利他当作一种道德绑架，对于普罗大众来说，做好自己的事情，过好自己的生活本也无可厚非。但领导者要调动众人齐心协力地完成组织目标，就必须把组织利益和他人利益统一起来，并通过利他的精神吸引追随者。所以领导者权力越大，越需要约束自己的私欲，越需要把更多人装在心里，时时处处从他人角度出发，并公正地平衡好各方面的关系，帮助他人改善福利和增加幸福感。

宇宙的法则是利他的：太阳把光和热无差别地洒向四周才成就了太阳系；地球上的各种生物本身就是一个相互支持的生

态系统，任何一种生物都至少为另一种生物提供营养，任何一个物种的消亡都会影响全系统。商业的本质其实也是利他，任何一个服务和商品的存在都是以为客户创造价值为前提的。否则，项目不可能成功，企业也会失去生存的土壤。

利他的一个层次是无私利他，指从动机和结果来说都是无私的，是出于对他人利益和幸福的考虑所形成的有利于他人的态度与行为，甚至为了他人可以牺牲自己的一切。就像康德认为“尽自己之所能对人做好事，是每个人的责任”；儒家提倡“仁”，所谓仁者爱人，就是一种博爱的精神，主张无差别地爱所有人，为了“仁”甚至可以牺牲自己；墨家的“兼爱非攻”“以兼相爱，交相利之法易之，视人之国若视其国，视人之家若视其家，视人之身若视其身”等，这些都是哲学层面提倡的无私利他。一个人职位越高，越是掌握更多的公权力，就越需要这种无私利他的境界。

利他的另一个层次是存己利他，或者说是互惠利他，就是并不把利他和利己完全对立。一方面是看重他人的利益和需要，努力去增进他人的幸福；另一方面并不排斥自身也能得到物资和精神的回报。老子推崇的利他是一种在实现途径中不考虑自身利益去帮助别人，但在最终结果上却对自己有利的形式，即不为己的利他最终有利于己。“天地之所以能长且久者，以其不自生，故能长生。”“是以圣人后其身而身先，外其身而身存。”“非以其无私邪？故能成其私。”其最突出的特点在于，利他的最终落脚点还是为了自身的发展，从其对圣人的叙述中就可见一斑。“圣人不积，既以为人己愈有，既以与人己愈多。天之道，利而不害；人之道，为而不争。”应该说这是一种大智慧，在现实社会中，提倡存己利他更容易被人接受。

经济学家哈耶克在《致命的自负》里说过，“商业是最大的公益”。前两天正好读到一个朋友分享的关于这个观点的文章，虽然有些地方还值得商榷，但还是对我启发很大。他认为免费的公益和慈善都是从发起人出发，是为了满足发起人内心深处那种直接行善的“利他主义”愿望，并不以被服务的对象为中心。并且由于缺乏市场价格的指引，公益和慈善效率并不高。相反，商业却是任何公益事业的物资基础，并且比慈善更持久、更有效率。我想补充的是在商业前面加一个“良好”作为定语，即良好的商业是最大的公益。这里的所谓“良好”是指商业的使命如果是为顾客、为社会、为员工，是有道德的商业，那它就是一种利他。哪怕结果是商人获得了巨大的商业利益，但他本着崇高的使命。一方面满足了市场需求；另一方面为社会贡献了就业和税收，还能让员工过上更好的生活，这就是存己利他，其效率最高，持续更久，有时还能推动社会的进步（如工业革命、互联网浪潮），当然是最大的公益。

日本的稻盛和夫是一位了不起的企业家、思想家。他总结自己的企业经营哲学第一条就是为员工及其家庭的幸福。他一直认为这种为员工为社会的利他思想就是他的成功法宝。在日本航空公司陷入困境时，日本首相亲自请他拯救该企业，他提出的唯一条件就是不需要任何报酬。也正是在他这种利他思想的鼓舞下，日本航空公司在一年时间内就起死回生，再次创造了一个奇迹。

上海有一家叫商米科技的企业，短短3年时间，它就成为估值10亿美元的行业独角兽，产品远销130余个国家和地区。投资人在作背景调查时，所有的竞争对手都说这是一家值得尊重和学习的企业。我关注它是因为该公司曾经花了3个月时间拍了一部6分钟企业宣传片即微电影《无价》，专门邀请100余家供应商观影，宣扬的就是他们的利他思想。后来我才了解到这是一家以利他心为核心价值观的企业。创始人林喆说从商米科技成立的第一天，就明确了企业的核心价值观：利他心。“心对了人就对了，人对了事就对了。”他对企业家的理解：一个人如果为了赚钱不择手段，这是生意人；合法地赚钱，不触碰法律，这叫商人；不把赚钱当作唯一目的，把有利于更多人，推动社会的进步与发展作为使命，这才称得上企业家，而他想做的是企业家。每次遇到客户问题，即便公司可能面临重大损失，林喆的统一回答都是：“不计得失地先解决客户的问题！”商米公司内部提倡坦诚开放、信息共享。这种透明不仅是对内部员工，还包括合作客户。商米公司曾因国际事务聘请了一个法律团队，让对方没想到的是，这家企业极度坦诚、信任地向他们开放所有信息，让他们非常迅速地融入工作环境。商米人没有“甲方”“乙方”的概念，他们把所有相关方都当作伙伴，目的就是一起为客户打造最好的产品。甚至对竞争对手也保持着开放学习的心态，敞开胸怀，免费提供平台，希望大家共同促进行业的发展。其实这正是新经济发展的最新方向，即打造共生共赢的生态系统，互相协同、共同发展，大家好才是真的好。

前文提到过德鲁克先生曾提出，“组织的价值在组织之外，任何不为外部创造价值的组织都没有存在的理由”。组织的这个特性也决定了组织领导者必须履行这种对外的利他使命，并用这种大义名分的使命凝聚人心。同时领导者还要关心人、帮助人，把员工的利益和幸福放在首位。这些都是领导者利他之道的重要体现。

二、守真之道

> 真者，精诚之至也。
>
> ——《庄子·渔父篇》
>
> 真者，神也，淳也，精也，正也。
>
> ——《洪武正韵》

真有多重含义，既是正气之真，又有诚实之真和本源之真，还有最符合客观实际的真。道家认为人修炼到最高境界才是真人，即洞悉了宇宙和人生的本原，是天人合一的真正觉悟者。领导者守真之道有四层含义。

第一，守正。儒家认为守正（正心）是做大事的重要前提。正心就是抛掉心中的杂念，端正自己的心态，守住自己的原则和底线。要正心必先诚意。诚意就是要坦诚面对自己的内心，不要虚伪，不要自己欺骗自己。诚意的前提是格物致知，就是了解万事万物运行的规律，获得大智慧。只有这样，当我们面对自己内心的时候才能明白，哪些是不符合“天理”的欲望邪念，哪些是君子该有的上进心，从而去邪扶正，做到正心。正心之后才能修身，全面完善自己的道德情操，从而齐家、治国、平天下。由此可见，正心是领导者的重要修养，也是追求至善境界的重要节点。正心要从以下三个方面修炼。

首先，要正直。不畏强权、不欺弱小，不搞小动作、不欺上瞒下。正直的领导者更容易服众，甚至能赢得对手的敬重。海瑞为什么能名垂青史？论官职，他最大就是南京右都御史，还是个虚职，但他一身正气、刚正不阿，就是皇帝错了他也敢说。另外，他对老百姓是真好，所以历史记载他去世后南京城百姓自发披麻戴孝为他送行，连绵百里不绝。

其次，要给人正能量。领导者要勇于接受挑战，迎难而上、积极应对。如果老是从负面看问题，大家的信心就没有了，队伍也就散了。就像新东方创始人俞敏洪所言：“绝望中寻找希望，人生必将辉煌。”我们只有不断给大家希望，团队才会有力量。

最后，要讲原则、有底线。有底线的人能给人安全感，没有底线和原则的人，我们无法预测他们会作出什么选择，他们随时可能为了自己的目的牺牲任何人，没有人会愿意追随他们。

第二，守信。言行一致、以身作则。领导者一言一行都被人看在眼里、记在心里，想要让人信服，必须言行一致。领导力有一个法则就是自己做不到的事千万不能要求别人做到。如果领导者说一套做一套，别人势必丧失对其信任感，甚至自己都会人格分裂。要做到言行一致，领导者要先明确自己的原则，开诚布公地把它与大家分享，并说到做到，这样大家才会觉得这个领导是值得信赖的。中国的传统文化非常看重“信”，把它当作君子立身之本。福耀公司的曹德旺以前家里很穷，他20多岁时去江西贩卖白木耳，结果货物被当地民兵没收了。由于木耳是他从乡亲们手里赊账收来的，他挨家挨户去跟人解释，并承诺一定会还钱。后来他参加公社组织的修水库活动，认识了一个营级干部，那人看他为人不错就帮他联系了江西那边，并以政府收购价把木耳钱要了回来。曹德旺第一时间就把钱送到了乡亲手里。他说还钱的时候是他“最快乐的时光”。正所谓人无信不立，人无信不长。曹德旺之所以能把福耀公司的事业做这么大，一定有他“守信”的人格魅力的原因。

第三，守实。就是一切从实际出发，实事求是。这要求我们必须不断对实际情况作深入、系统的调查研究，真正掌握全面、真实的第一手材料，搞清楚本地区、本单位的实际情况，这样才能真正掌握客观实际中的“实事”，做到耳聪目明、心中有数。接下来的关键在于“求是”，就是探求和掌握事物发展的规律。能否按客观规律办事，是决定我们的工作有无主动权和得失成败的关键所在。任正非提倡“让听得见炮声的人呼唤炮火”就是从实际出发。用友集团王文京说他每年都要抽出一部分时间走访客户，了解市场实情。当年用友集团从做财务软件升级到做企业资源计划（ERP）软件就是因为他自己在广东接触用户的过程中，不少用户提出了企业管理功能需求，他回来后经过认真讨论，确立了业务转变策略，为用友集团找到一个新的增长机会。

明末内阁首辅张居正的思想总体是崇尚实际、求真务实的，并以解决社会存在的现实弊病为根本。他反对空谈，崇尚敦本务实。万历新政充分体现了张居正的改革指导原则，即必须一切从实际出发，制定合乎时代要求、符合民众需求的政策法令，以解决当时明朝内部层出不穷的社会矛盾。正是由于他对时势的清晰判断及以民心为本的初表，所以张居正在担任内阁首辅的10年期间，下令清丈全国田地实际数目，积极推行“一条鞭法”改革赋税，减轻民众的负担，从而使社会得以长治久安，使本已颓败的大明王朝重新出现了中兴的局面。

第四，守初。守初就是不忘初心、牢记使命。初心是指我们做人做事最初的那个宏大的起心动念，系统化后就成为使命。

保持初心，就要牢记组织使命和愿景，始终引领组织朝正确的方向前进，并源源不断为组织成员提供精神动力。稻盛和夫亲手创办了两家世界500强企业，他说每次企业碰到困难，或者遇到重大决策难以衡量时，他总是从他的企业哲学（初心使命）里面去找答案，而且每次都能顺利闯关。

保持初心，就要保持“求知若饥，虚心若愚”的境界，保持探索精神，积极学习、与时俱进。这样才能更有助于我们认清事物发展规律，在战略前瞻性方面胜人一筹，从而为组织找到正确的发展方向。这样的领导者才能让大家信服，并被人追随。成功的企业家都是爱学习爱钻研的人。海尔集团的张瑞敏平均一周看两本书，熟悉他的人说过：“张瑞敏几乎不去任何娱乐场所，他的娱乐生活完全被书填满。”中国建材集团原董事长宋志平也一样，他的闲暇娱乐方式也是读书，他经常说：“我床头有个书筐，筐里大概有二三十本新书，差不多一个月左右换一筐。”

保持初心就是永远保持激情和斗志，始终保持如履薄冰、如临深渊的警觉。引领方向的领导者任何时候都要给人力量，也要看到一般人看不到的危机，并提前应对。任正非是最有危机感的企业家，华为在2000年销售额达220亿元，并以29亿元的利润居全国电子百强企业首位。然而2001年3月春节刚过，任正非却在企业内刊上发表了题为《华为的冬天》的文章。他语重心长地告诉所有员工：“十年来我天天思考的都是失败……对成功视而不见，也没有什么荣誉感、自豪感，而是危机感。”并号召华为人都要自我批判、谨慎低调，不断变革才能走出危机、跨越寒冬。所以当2022年任正非提出“把寒气传递给每个人”时一点也不让人意外，这正像《道德经》里所说的：“古之善为士者，……豫兮若冬涉川；犹兮若畏四邻。”

领导守真之道就是要做到守正、守信、守实、守初，这样才能赢得大家的信赖，从而拥有影响别人的基础。

三、虚怀之道

> 时吴人新附，颇怀畏惧。浑抚循羁旅，虚怀绥纳，座无空席，门不停宾。于是江东之士莫不悦附。
>
> ——《晋书·王浑传》

虚怀是胸襟宽大、虚心谦退的意思。老子称赞优秀的领导者“敦兮其若朴，旷兮其若谷”。成语虚怀若谷就出于此句，意思是胸怀像山谷一样深广，形容为人谦虚，能容纳别人的意见。领导是做人的工作的，要团结大家一起努力，虚怀之道是必备的修养。它包含三层含义，即谦逊、包容与广大。

一是谦逊。领导者职位越高，权力也越大，就越不容易谦逊。因为他们大多有过出色的工作业绩与成就，容易丧失清醒并掉进自以为是、狂妄自大的陷阱。谦逊是人格魅力的重要因素，一个谦逊的人会真正懂得尊重别人，也更容易被人接受，并让别人觉得自己很重要，从而激发更高的学习和工作热情。谦虚也能让自己看到自身的不足，从而不断进步，从优秀迈向卓越。

真正伟大的人都是谦逊的。我国伟大的教育家孔子所谓“三人行必有我师”就是谦逊的最高境界。苏格拉底说：“我只知道我不知道。”牛顿在临终时留下遗言：“我好像是一个在海边玩耍的孩子，不时为拾到比通常更光滑的石子或美丽的贝壳而欢欣鼓舞，而展现在我面前的是完全未探明的真理之海。”南非前总统曼德拉说过：“如果你是谦虚的，你不会对任何人构成威胁。如果你想得到身边的人的配合，你必须让他们感觉他们是重要的。要做到这一点，你需要真诚和谦虚。你知道别人一定有远超过你的某些素质。让他们表现这些素质。”曼德拉之所以能赢得全世界的尊重，赢得无数人的追随，和他的谦逊品格有很大关系。

二是包容。齐桓公曾经险些被管仲射杀，但齐桓公不计前嫌，以包容之心原谅并重用了管仲。正是由于这容人之量才成就了齐桓公的“春秋霸业”。倘若齐桓公处死管仲，他能否还有后来的成就我们不得而知，但至少这一段君臣佳话也就不复存在了。刘邦包容了韩信、唐太宗包容了曾为政治对手出谋划策的魏徵，才成就了各自的伟业。由此可见，拥有包容之心是成就大事的前提。领导者的包容之心，至少要从下面三个方面来体现。

首先，包容别人的过失。求全责备是普通人的积弊，他们最敏感、记忆最深的往往是别人曾犯过什么错误，受过什么处分，至于此人有什么优点，有什么“绝活”，则容易忘在脑后。曾国藩曾经说：“勿以小恶弃人大美，勿以小怨忘人大恩。”意思是不能因为别人的一点小过失、小瑕疵、小恩怨就否定一个人。任何人在成长的道路上不可能不犯错、不摔跤，犯错和摔跤是成长必须付出的代价。我们可以想象一个从不犯错的人一定也是谨小慎微、碌碌无为的人。在不影响整体绩效的前提下，领导者有时还要放手让年轻人去“踩踩坑”“撞撞南墙”，然后再去点拨他们，有了历练他们才会成长得更快。当然作领导除了包容过错，更要有主动替下属担责的精神，让大家轻装上阵，敢闯敢试，这样的领导者才值得人们死心塌地地追随。这样的团队也一定是充满活力、锐意创新的团队。

其次，包容别人的缺点。人无完人，优点越突出的人可能缺点更突出。团队合作是要发挥每个人的长处，并通过优势互补来弥补每个人的不足从而打造出一个完美的团队。尊重差异才能成就整体。一个优秀的领导者要学会“用人所长，容人所短”，使每个人都发出应有的光芒。刘邦在重用陈平时争议最大，因为陈平有“盗嫂受金”的恶名。按照一般标准来说肯定不能用这个人，但当时楚汉激战正酣，所谓非常时期必用非常之人。刘邦看准了陈平是精于计谋之人，给他的任务就是设法把项羽最厉害的谋臣范增赶走。后来陈平果然用离间计挤走了项羽身边唯一有本事的谋士，为大汉事业立下了大功。

最后，包容团队中的能人。如果在你的团队里有人比你更优秀，你应该庆幸，不要心存嫉妒，要心甘情愿为他们打下手，并从他们身上汲取“营养”，让自己变得更优秀。能力越强的人越有个性，甚至锋芒毕露，我们要包容这种高调的“明星”，引导他们为团队作出更大的贡献。按照二八定律，一个团队中那些最优秀的20%的人创造了80%的业绩。对于这些可能“不太讲政治”的能人，一方面我们要给他们以充分的尊重和包容，给他们远大的目标和有意义的回报；另一方面要善于用制度划出边界，防止有人做事太出格。总之用好“能人”才体现一个人的领导水平。要避免所谓的“一米六五现象”，即领导身高只有1.65米，手下人都低于这个标准。这样的组织一定是没有前途和希望的。

三是广大。首先，知识面要宽。领导要作杂家，涉猎面一定要广。因为领导工作牵涉政治、心理、人文、社会、管理等多个学科，知识面太窄会限制自己的视野和高度。任正非曾被财富中文网评为“最爱读书的年度中国商人”。有人问他：“您最喜欢哪本书？哪本书对您影响最深？”任正非说：“我读过很多书，但不知哪本书影响了我，思想是怎么生成，我脑袋里产生的想法也找不到源头在哪里。”他还说过：“公司未来需要对市场有深刻体验和宽文化背景的人，宽文化背景怎么理解，‘大杂烩’，什么都懂一点，要成为高级干部就要有宽文化背景。”

其次，用人要五湖四海。据心理学的研究，人们都喜欢性格有些像自己的人。领导身边总容易形成所谓的“小圈子”，用好所谓“圈内”的人有助于提高工作效率，但在考虑人事问题的时候不能任人唯亲。心理学还告诉我们“圈子”和团体都有群体思维现象，就是大家看问题、想办法慢慢都会差不多。把各方面的人才用起来才能有利于收集各方面的意见，也是借用各种角度来看问题，从而使决策更科学可行。字节跳动公司成立8周年的时候，更新了企业文化（其内部称为“字节范”），新增“多元兼容”价值观，就是为了吸引和用好各方面的人才。他们对此的解释是：理解并重视差异和多元，建立“火星视角”；打造多元化的团队，欢迎不同背景的人才，激发潜力；鼓励人人参与，集思广益，主动用不同的想法来挑战自己；创造海纳百川，兼容友好的工作环境。也许正是因为这种用人理念，字节跳动公司的发展速度可以用“坐上火箭”来形容。自2012年成立至今，字节跳动公司在自己的第一个十年中，已蜕变为全球发展非常快的科技公司之一，目前其旗下涵盖今日头条、抖音、TikTok、TopBuzz、西瓜视频等覆盖全球超过150个国家和地区的产品。

最后，要多方面听取意见，特别要重视反面意见。“兼听则明，偏信则暗。”心理学有一个选择性注意现象，即我们容易只听自己想听的，看自己想看的。领导者如果想要让身边的人踊跃地提出不同意见，就需要建立一个开放的环境，使他们畅所欲言。领导者还要鼓励他们说出不同意见，因为在某些时候，下属往往会认为提出反对意见有跟领导者作对的意味，或者有的人会认为要给领导留面子，所以不敢提出不同意见。领导者需要跟身边的人解释清楚，并不断地鼓励他们说出反对的话，从而给自己的决策带来全面的判断。通用汽车公司前总裁斯隆有一个原则：如果没有反对意见他就不决策。当大家意见一致时，他有时故意抛出一些反面意见让大家探讨。1995年，当比尔·盖茨宣布微软不涉足互联网领域产品的时候，很多员工提出了反对意见，其中，有几位员工直接写信给他说：“你这是一个错误的决定。”当比尔·盖茨发现有许多他尊敬的人都持反对意见时，又花了更多的时间与这些员工沟通，最后写出了《互联网浪潮》这篇文章，承认了自己的过错，扭转了公司的发展方向。那些批评比尔·盖茨的人不但没有受处分，反而得到重用，后来都成了公司重要部门的负责人。

“宰相肚里能撑船”，凡要成就事业者，必须练就虚怀之道。

延伸阅读：楚庄王的绝缨宴

公元前605年楚庄王平息了叛乱，非常高兴，班师回朝，在宫内举行盛大的庆功会，大摆宴席。楚庄王下信群臣可以尽情畅饮。到傍晚，酒兴还都未尽。楚庄王命令点燃蜡烛，继续狂欢。楚庄王看到群臣这样高兴，就让自己的爱妃许姬给大家敬酒。许姬漂亮，出来给大家敬酒更增添了几分欢快的气氛，正当她给大家一一敬酒时，一阵大风吹来，把大厅里的烛火全吹灭了，场内一片漆黑。这时，有人趁机扯住了许姬的衣裳，想调戏她。许姬很机灵，她知道，如果自己声张起来，那人就一定会在黑暗中溜之大吉，不仅查不出是谁，还闹得满场惊慌、疑神疑鬼。她不声不响，轻轻地伸出手，摸到那人的冠缨，一把拔了下来。然后，她摸黑向楚庄王告发，请楚庄王赶快查办那个色胆包天的人。

楚庄王听了，稍稍沉吟后赶紧吩咐左右，先不忙燃烛。忽向群臣大声宣告：“今天，你们同寡人同饮，务必尽欢。现在我提议，在场人等全部拔下自己的冠缨，谁不拔掉冠缨，就是不愿与寡人同欢。”群臣欣然从命，不一会儿冠缨拔得一个不剩。蜡烛重新点燃，楚庄王就像无事一样，与群臣畅饮到深夜。那位趁暗拉扯许姬衣裳的人自然找不着了。许姬对此感到非常惊讶，席后，许姬埋怨楚庄王不为她出气。楚庄王笑着说：“人主群臣尽情欢乐，现在有人酒后失礼情有可原，如果为了这件事诛杀功臣，将会使爱国将士感到心寒，民不会再为楚国尽力。”许姬不由得赞叹楚王想得周到。

后来，楚庄王亲自率领军队攻打郑国，不料被郑国的伏兵围困住，正在危急时刻，楚军的副将唐狡单枪匹马冲入重围，救出楚庄王，楚庄王重赏唐狡，唐狡辞谢说：“绝缨会上，扯许姬衣裳的正是下臣，蒙大王不杀之恩，所以今日舍身相报。”楚庄王听后感慨万千。

四、大勇之道

> 古之所谓豪杰之士者，必有过人之节。人情有所不能忍者，匹夫见辱，拔剑而起，挺身而斗，此不足为勇也。天下有大勇者，卒然临之而不惊，无故加之而不怒，此其所挟持者甚大，而其志甚远也。
>
> ——苏轼《留侯论》

我们现在处在面临越来越多不确定性的时代，世界唯一不变的就是一切都在变。在变化中如何带领组织突破困难和危机，除了需要细致分析、周密部署，更重要的是有大勇之道，也就是在关键时候有豁得出去的魄力。现实中我们不可能把什么都看得清清楚楚，并具备完成任务的所有条件，所谓“狭路相逢勇者胜”，很多时候就是大勇加上一点运气，不顾一切往前冲一冲，就能取得意外的收获。大勇最直观的体现就是高“胆商”，它是一个人的胆量、胆识、胆略的度量，体现了一种冒险精神。高智商是一种智力优势，高情商有利于拓展人际关系，但是许多高智商、高情商的人关键时候不能把握住机会，往往就是因为缺少“胆商”。“胆商”高的人大多具有非凡的胆略，能够临危不乱、敢于拍板、勇于担当、开拓创新，以最快的速度应对环境的变化。

“胆商”对于企业家更重要。一个创业者的“胆商”，在某些关键时刻甚至决定企业的兴衰成败。做企业是一个充满变数的工作，是一个遍布不确定因素的过程，目标常常表现出很大的弹性，结果也往往充满着未知。因此，现实中没有天衣无缝，没有万无一失，没有百分之百的“保险”。任何机遇都不会无限期地等待你“再研究研究”“再等等看看”。唯有大勇，方有机会成功。互联网时代，经常听到一句俗语“先射击，后瞄准”，这就要求领导者具备超越一般人的大勇之道，敢闯敢试、勇为人先、当机立断，才可能赢得先机。

大勇之道至少应该包含五个因素，即冒险、抗逆、坚韧、担当和开拓。

冒险。冒险是指探索世界的勇气，勇往直前的精神，直面危机的胆量。俗话说“狭路相逢勇者胜”，在困难和危机面前，害怕与退缩意味着没有任何机会。险中有利，危中有机。

变革时代的组织领导者面临的情况总带有很大的不确定性，各要素往往变幻莫测、难以捉摸。而克服不确定、随机性的最好的方法，莫过于组织内拥有一位具有冒险精神的战略家。当然冒险除了需要胆量，更需要胆略。胆略是建立在科学的分析和论证之上的，即需要敏锐的观察和前瞻性的判断。既要想清楚最坏的结果，更要往最好的方向努力。勇敢不等于盲动，冒险不等于冒失。朱可夫在《回忆与思考》一书中说："战争经验表明，冒险是需要的，但不能随意妄为。"我们既要有敢冒风险的精神，也要有预见、防范和规避风险的意识，把敢于冒险的勇气和科学审慎的态度结合起来，把大胆的行动建立在周密调查、敏锐洞察、深入研究和辩证思维的基础之上。这样的冒险才是值得推崇的。

抗逆。有非凡成就的人也可能经历过重大挫折，到达过人生最低谷。但他们的伟大之处在于能从逆境中重新站起来。著名导演李安大学毕业后曾经失业6年，但他始终不放弃自己的电影梦想，有机会就去帮剧组看管器材，做电影剪辑、剧务之类的杂事，稍有空闲便夜以继日地读书、写剧本。最后拍出了《卧虎藏龙》《少年派的奇幻漂流》等著名电影，并获得奥斯卡金像奖，成为世界级的知名导演。无数事实证明，任何人心智的真正成熟，都需要一些“熔炼”的机会。南非前总统曼德拉年轻时性子很急，脾气暴躁，但是他在痛苦和磨难中学会了控制自己的情绪，感悟出宽容和感恩。因此，在他就任南非总统仪式上，他特意邀请曾经虐待过他的三位狱警出席，并向他们致敬。此后他更是毕生致力于种族和解，赢得了全世界的尊重。正所谓逆境出英雄，“涅槃成凤凰”。领导者要善于从磨难中发展、在困境中成长。

坚韧。坚韧是坚持不懈地专注目标的能力和精神。任正非曾经说：“华为就是阿甘，认准方向，朝着目标，傻干、傻付出、傻投入……华为的成功靠的是常人难以理解和忍受的长期艰苦奋斗。”《西游记》里的唐僧看起来本事最差，但他能带领三个本领高强的徒弟去西天把真经取回来，靠的就是对目标的坚定，这就是韧性，也是信念坚定的力量。有一个专家通过大量事例研究总结出著名的1万小时定律：任何人想要精通一门最高级的技巧并能够充分发挥个人潜能，必须选择自己擅长的领域，并至少花10年时间，坚持1万小时的练习才能做到。乔丹高二时曾被教练认为没有篮球天赋，但他凭借自己的刻苦训练达到一个至今无人比肩的高度。科比那句著名的“凌晨四点的洛杉矶”更是让大家明白任何人的成功都是长期刻苦训练的结果。可见任何人和组织的成功都离不开坚持不懈的努力。

担当。在《现代汉语词典》的注解里，担当就是“接受并负起责任”。担当是中国人自古以来的重要精神力量，是“天下兴亡，匹夫有责”的豪迈，是“苟利国家生死以，岂因祸福避趋之”的坦荡，更是“先天下之忧而忧，后天下之乐而乐”的胸襟。春秋“五贤相”之一的百里奚曾不听朋友的建议，选择在虞国做官，因为虞国国君不听其劝致使国亡，众官员皆作鸟兽散，唯有百里奚继续跟随其左右。他说：“吾既不智矣，敢不忠乎？”这既是忠诚更是担当！后来，百里奚作为晋国公主的陪嫁奴隶来到秦国，被秦穆公所倚重，并最终成为一代贤相。司马迁因言获罪，遭遇宫刑，却忍受耻辱，发愤著书，最终完成巨著《史记》，以警醒后世。“人固有一死，或重于泰山，或轻于鸿毛。”时年55岁的司马迁在《报任安书》中袒露心迹，“所以隐忍苟活，幽于粪土之中而不辞者，恨私心有所不尽，鄙陋没世，而文采不表于后也……”

现代组织领导者的担当要体现在“责任止于我”的气概，

对工作认真负责，不上交矛盾、不推卸责任。面对大是大非敢于亮剑，面对矛盾敢于迎难而上，面对危机敢于挺身而出，面对失误敢于承担责任。不以任何理由延误工作，不以任何借口逃避问题，勇敢地承担该担的责任，做好该做的工作，真正做到责任上身、工作上心。在自己负责的团队中，出了成绩要主动让给下属，发生问题要主动揽责受过。面对这样的领导，大家自然会死心塌地地追随。此外，担当还要体现在“往远处想，向高处看”的境界里。一个人不敢担当，往往是因为患得患失，没有高远目标，总是计较当下的点点得失，所以碰到难一点的事就裹足不前，甚至放弃努力。试想如果一个人有远大的理想，那么一定会做长远的打算，哪怕当下有些吃亏甚至跌跟头，也会爬起来继续前行，这样在工作中自然就会有担当精神。当然，作为一个领导者，一方面要身先士卒，率先垂范；另一方面要创造一种好的氛围，让有为者有位、能干者能上、优秀者优先。这样才能激励大家勇于担当、敢于作为。

开拓。开拓就是坚持向更高的目标迈进，甚至要敢于进入“无人区”，探索前人不曾探索的区域，开创全新的局面。华为20多年前刚在国内市场上站稳脚跟时，就已经积极谋划要进入海外市场，成为国际化公司。在第三世界国家获得成功以后又积极进军欧美等主流市场，和思科、爱立信、诺基亚等公司进行正面较量，把大旗插到美国，遍及欧洲。尽管这当时被很多人评价为“一场赌博”，但是现在看来，如果当时任正非没有敢于进军欧美主流市场的勇气，没有开拓的精神，那么华为就不会有今天的成功，强大到让美国都害怕，要举美国的全国之力来打压它。

大勇是一种胸襟，能看淡得失成败；大勇是一种责任，能对事业负责；大勇更是一种见识，能把握大局。领导者必须敢闯、敢干，在“胆商”修炼中不断提高自身以及他人的创造力。

领导之道中，利他之道能赢得尊敬，守真之道让人产生信赖，虚怀之道让人备感亲近，大勇之道让人信服。能做到这四点，一定是可敬、可亲、肯信、肯服的领导者，也一定是值得被追随的领导者。

第5章

至善领导之法

使鸡司夜，令狸执鼠，皆用其能，上乃无事。

——韩非子

《资治通鉴》里记载了这样一个典故：蜀汉刘禅即位后，封丞相诸葛亮为武乡侯，领益州牧，蜀国所有政事，都要诸葛亮来决定。有一天，诸葛亮亲自校对公文，主簿杨颙劝他说："治理国家是有制度的，上司和下级做的工作不能混淆。请您允许我以治家作比喻：现在有一个人，命奴仆耕田、婢女烧饭，雄鸡报晓，狗咬盗贼，以牛拉车，以马代步。这样下来，家中事务无一旷废，要求的东西都可得到满足，主人悠闲自得、高枕无忧，只需要享乐就行了。试想如果有一天，所有的事情都要主人亲自去做，不用奴婢、鸡狗、牛马，他就会陷身琐碎事务之中，疲惫不堪、精神萎靡，最后却一事无成。难道他的才能不及奴婢和鸡狗吗？不是，而是因为他忘记了作为一家之主的职责。因此，西汉丞相丙吉不过问路上杀人的事情（治安是京兆尹等官员的职责），却担心路边耕牛因天热而喘（春天那么热，那是时令失调，不符合节气的征兆，可能影响国泰民安）；西汉丞相陈平不去了解国家的钱、粮收入，是因为这些都会有具体的人来负责。他们都真正懂得各司其职的道理。如今您管理全国政务，却亲自校改公文，终日汗流浃背，不会太劳累了吗？"诸葛亮听完深深表示感谢。

现实生活中，有很多身居要职的人不一定懂得这个道理，他们喜欢亲力亲为，不放心将事情放手交给别人，总担心别人做得没自己好。于是他们整日忙得“不亦乐乎”，下属反而无事可做。说到底这些人没有掌握领导之法，没有领悟领导的角色。在笔者看来，要掌握领导之法，就必须做好领导角色的三个转变。

一、从运动员向教练员的角色转变

试想有这样一个人，业务能力很强又很热心，大家遇到困难时都愿意找他，他也总能利索地帮大家把问题解决，因此人缘特别好。此人后来被提拔了，负责一个团队。担任领导以后，他感激大家的认可，每天工作得更起劲了，甚至原本同事不需要他干的活也一并干了。然而，时间久了，大家对他的评价反而下降了：领导说他没有大局观，分不清主次，下属说他爱出风头，而他自己呢，由于太忙压力大有时容易发脾气，于是又有人抱怨他耍官威，还有人甚至说他气量小，什么事都自己把着……人还是那个人，甚至比以前更热心了，最后却没有得到大家认可，为什么？这就是角色错位导致的问题。

角色原指演员扮演的剧中人物，我们这里说的角色是社会角色，指个体在特定的社会关系中的身份及由此而规定的行为规范和行为模式的总和。通俗地说就是人们经常说的“到什么山上唱什么歌”“干什么吆喝什么”。

在体育界，运动员只需要平时好好训练，然后在比赛中把自己的能力发挥出来就行。但教练员不一样，他是不能上场比赛的，他的主要工作是选人组队、带队训练、临场指挥、疏导队员情绪。这些和领导工作很接近，领导也是要选人、育人、影响人，最终完成组织目标。所以，领导的第一个角色就是教练员。上文提到的那个人就是典型的当了教练员却还把自己当运动员的例子，当然不是一个合格的领导，势必会引起大家的不满。

在体育领域运动员和教练员的界限是很分明的，但在其他领域的工作中并非如此，当领导做了下属的工作的时候，并没有裁判提醒他，所以更容易越界。一般来说，领导越界的原因可能来自三个方面：一是时间紧任务急，觉得有安排别人和教会别人的工夫，自己已经做好了，效率更高；二是勤快惯了，眼里都是活，习惯性地就去做了；三是个人业务能力太强，总觉得别人干的都“差点意思”，自己做起来感觉更痛快。虽然从短期看，自己做好像更省心，但长期下来自己会越来越累，最后的结果就是领导天天焦头烂额，下属悠闲自在，甚至有下属背后对领导指指点点。

应该承认，出色的专业能力确实能使人脱颖而出，并给人增加一些底气和光环，对于完成任务目标也有帮助。但人一旦走上领导岗位，一定不能被自己的专业所困住，要把工作重点由事转到人上来。要实现从运动员向教练员的角色转变，具体要从以下几方面着手。

第一，要从依靠专业技能向注重领导技能转变。做业务工作主要靠专业技能，而人一旦走上管理岗位，就要更多地倚重领导技能。任正非说过：华为的轮值董事长要做思想家，手脚都要砍掉，只剩下一个脑袋。意思就是不希望这些高层领导还跑去做业务，要他们更多从战略层面思考企业的未来。哈佛大学罗伯特·冈兹教授在1955年发表了他的研究成果（见表3），至今还有现实意义。他说优秀的管理者需要三种基本技能，分别称为技术（technical）技能，也就是业务能力，主要指“做事”的能力；人际（human）技能，也就是人际交往、与人共事的能力，主要指“待人”的能力；概念（conceptual）技能，也就是以整体视角看待组织的能力，即从纷繁复杂的事物与矛盾中抓住主要矛盾和矛盾的主要方面的能力，是一种“一眼看到底”战略把握能力。后两种技能就是领导技能。他研究发现这三类技能的重要性是相对的，会随着管理层级的不同而发生变化。对于基层管理者，最需要的是技术技能和人际技能。对于中层管理者，管理的成效主要取决于人际技能和概念技能。而对于高层管理者，概念技能就成了取得成功的首要技能。由此我们看出，人只要走上领导岗位，哪怕是最基层的岗位，也必须重视人际能力，一旦走上中层岗位和高层岗位，专业能力就越来越不重要。IBM公司当年陷入危机，恰恰是从一家食品公司聘来的总裁郭士纳挽救了它。郭士纳说：“我不懂你们的技术，但我比你们更懂你们的客户。”他适时地带领公司实现了业务转型，把IBM公司打造成一家以客户为中心的技术服务型企业。他担任总裁10年，IBM公司股票翻了10倍，成为在IBM公司历史上和创始人沃森齐名的总裁。这个案例告诉我们：组织的高层领导只要运用好领导技能，哪怕他不懂业务，也能把组织领导好。

表 3　罗伯特·冈兹的研究成果

管理层级	技术（technical）技能	人际（human）技能	概念（conceptual）技能
高层	17.9%	42.7%	39.4%
中层	34.8%	42.4%	22.8%
基层	50.3%	37.7%	12.0%

当然，领导者要更多地运用领导技能，并不是要其放弃自己的技术特长。领导能力是一种高度情境化的能力，发挥一个人的长处更能帮助其成功。在很多组织里，领导者如果有出色的技术能力是很容易建立起威信的，懂业务很多时候意味着在工作中更能抓到“点子”。但要注意的是，毕竟领导者现在从事的不再是纯技术工作，要把视野打开，要跳出技术看技术，特别是要注意用自己的技术能力优势去培养人才，让团队的专业能力尽快提升，形成一个优秀的技术人才队伍。

第二，要从注重自身业绩向关注别人和团队的成果转变。运动员和业务员一样，都是要看重自身的业绩，而领导者和教练员都要关注别人和整个团队的成果。《孙子兵法·形篇》说：“善战者，无赫赫之功。”意思是真正高明的将领自身并没有那么多显赫的战功。项羽失败的原因：一方面他是一个典型追求赫赫战功的人，遇到硬仗、恶仗都自己冲在最前面，从而成就自己“霸王”的威名，但这其实是匹夫之勇；另一方面他不愿意用人，生怕授予别人权力会抢了自己的风头。优秀的领导者乐于见到下属的能力比自己强，光环比自己多。就像芝加哥公牛队教练对乔丹，巴塞罗那足球队教练对梅西一样，他们只会感到骄傲并庆幸能拥有这么优秀的队员。

怎么让下属和团队的水平和绩效提高呢？激励人和培养人是最重要的工作。激励人既要用使命愿景的目标力量来引领人，也要靠及时地有针对性地给予大家有意义的回报来调动人。培养人的前提是要知道人的优势在哪里，并通过培养和训练把其潜力充分挖掘出来。在一个球队里面有不少角色球员，他们的任务非常明确，要么是防守，要么是进攻得分，平时训练的时候都是按角色任务重点训练。团队也是一样的，每个人都有自己的长处和任务重点，根据每个人的特点进行培养就非常重要。此外，成熟的球队经常把新秀放到二级队训练和比赛，过一段时间再把优秀人才调回主力队重用，这也是培养新人的好方法。华为提倡大家在战斗中成长，在火线上提拔也是这个意思。

第三，要从追求让人喜欢向受人尊重转变。运动员和专业人士有更多展示自己的机会，更容易获得认可，做教练员和领导者则不一样，他们付出再多也不可能赢得所有人的认可。领导者要耐得住寂寞，甘心做幕后工作。一个组织要有效率，领导者就必须推着大家往前走，要给大家压力，有时甚至要当恶人。佛教教义说过小善是大恶，大善似无情。稻盛和夫也说过领导一味地迁就人（小善）其实就是害人（大恶），因为这可能导致个人没有成长而堕落或企业没有效率而破产。换句话说，严格要求（无情）能让企业和个人发展得更好，这就是大善。因此，优秀的领导者不可能让别人都去喜欢自己，但如果领导者真的是考虑大家的长远利益，也会得到大家发自内心的尊重，哪怕是得罪过的人。

延伸阅读：弗格森——足球团队对商业管理的启示

亚历克斯·弗格森（Alex Ferguson）是全球最著名和成功的足球主教练之一。自从1986年执教曼联队以来，他带领球队获得了除欧洲联盟杯以外的所有俱乐部赛事主要荣誉，其获得荣誉总数超过之前任何一位英国主教练。1999年，他率曼联队获"三冠王"头衔，被英国白金汉宫授予爵士爵位，2011年，又被苏格兰斯特灵大学授予荣誉博士学位。

2012年12月，他访问了哈佛商学院，并应邀发表演讲。他详细地介绍了队员激励、情绪调整、团队管理、赛事策略等足球俱乐部常见的管理问题，从中，我们可以从一个主教练角度获取诸多启示。

赛前演讲：发挥想象力

我曾经听说一位教练这样开始他的赛前演讲："我起码已经和你们说了1000次赛前指导了！"球员们立刻回应道："没错！1000次中有500次我们都是睡过去的！"其实，很多教练赛前演讲大部分的内容都是老生常谈。为了避免这一点，我喜欢利用自己的想象力讲一点不一样的故事。

一般情况下，我会说说我的期望，谈谈球员们的信仰以及信任之类的话题。我记得有一次去看安德烈·波切利（著名盲人歌唱家）的表演。我感觉这是我一生中上过的最经典的课程。我在看演出的时候想到了球员之间的互相配合和团队协作，一种乐器开始演奏，另一种就悄无声息，这种此起彼伏的感觉棒极了！回去之后，我就把这段经历告诉了我的队员，让他们明白什么样的球队才是最出色的。

至于安排球队首发阵容，我们从来不会当着全队的面宣布首发是谁，而是直到比赛当天才会公布。如果说比赛是下午3点开始，那我会在下午1点前和没能进入首发的球员单独谈谈，告诉他们我的决定。我一定会私下和他们交流，我知道被排除出球队首发出场阵容是一件非常痛苦的事。

技战术：抓住对方核心

战术实际上是在不停变化的，你要根据不同的对手改变自己的策略。我在布置战术的时候喜欢把注意力集中在对方阵容中的一两名球员身上。我会想对方哪名球员会去主罚任意球，谁是掌控球队节奏的那个人，谁在指挥球队……你只要把握住对方最有影响力的那一两个人就成了。

剩下的时间我往往会想想自己球队的打法。比赛前的那个周五，我会和球员一起通过比赛录像来分析对手，他们的长处和弱点分别在哪里，他们的任意球采取什么样的战术，他们会在场上踢成什么样，等等。到周六的时候，我们会给球员看一份更简明扼要的报告，其实就是昨天内容的一个简单复述。

更衣室：必须直指错误

你不能冲进更衣室对着那些球员一顿咆哮，这根本没有效果，因为没人喜欢被批评。你不能失去控制，要知道你面对的是30个世界顶尖的球星，他们每一个人都是百万富翁！但在更衣室里，你必须指出球员的错误。谁要是出了严重问题，我们就依据规则来处理，没有人可以例外。我总是告诉那些球员，努力也是天赋的一种。他们需要刻苦训练，如果他们不能再遵守曼联的规矩，那就走人吧！如果球员们在比赛中犯了错，一般来说我会在赛后直接指出他们的问题，我不会等到星期一再来处理这样的事。我说了他们的错误，然后这件事就结束了。我会把精力投入下一场比赛当中，没必要揪着球员的一个错误骂个不停。

团队建设：关键是建立模式

99%的新教练员上任之后想的第一件事就是他们必须通过不停的胜利让自己留在球队中。他们给球员们带来经验，这种经验往往是教练员本人在上一家俱乐部中学到的。

但我觉得，给一家足球俱乐部建立一个成功的模式是非常重要的，或者说对所有的运动俱乐部来说都是非常重要的。要让球队成为"摩天大厦"，你必须打好相关的基础。先看一下球队的年轻球员，然后把他们带到一线队来，这样做总没错。

球员有这几类：30 岁以上的，23 岁到 30 岁之间的，还有年轻球员。年轻球员正在成长，他们需要达到那些老球员的水准。对我来说最困难的一件事就是让某些球员离开，他们真的是好人。可惜，最终还是要以足球场上的表现来决定球员的去留。如果你想改变球队，你就必须问自己，两年以后的球队该是什么样的？然后根据这个想法来改变现在的球队。

二、从报时员向造钟师的角色转变

在时钟出现以前，大家都依靠报时员来获悉时间。后来人类发明了时钟，任何人想知道时间看一眼钟表就行了。吉姆·柯林斯曾经在《基业长青》里提出："高瞻远瞩持续优秀的企业创始人都是致力于做'造钟师'而非'报时员'。"所谓做报时员就是希望自身成为一个名人，时时事事冲在第一线做指示、下命令，最后所有人、所有事都要依赖他，企业离开他就不能有效运转。做造钟师的企业家不追求自身的控制力和光环，而是通过建立一套系统让企业自行运转，从而让组织超越自己的生理极限而基业长青。这其实是告诉我们：组织领导者应该从报时员转变为造钟师。个体的寿命毕竟有限，情绪和状态也容易起伏，再优秀的报时员也有出错的时候。但一部精密的时钟却可以每时每刻把时间准确地呈现给大家，为大家持续提供支持。

组织是一种社会有机体，有其自身发展的规律。一个健康的组织主要是通过制度、文化和机制起作用，绝不会因为某个出色的领导者的离开而混乱。所以，我们要从文化、制度和机制等方面着手组织建设。

一是文化建设。组织文化就是组织在长期发展中沉淀下来的关于做人、做事的主张，是一套隐形的价值系统，是组织运行的润滑剂。组织文化的核心由使命、愿景和价值观组成（见图6），是组织的灵魂，是保证组织朝正确方向前进的指南针和动力系统，因而能决定组织走多远、走多久，也就是说，文化决定组织的“寿命”。人类历史上存在时间最长的两类组织：宗教和大学，都是强调从精神层面来影响人。据吉姆·柯林斯的研究，持续优秀的企业都有着“教派般的文化”。华为和阿里巴巴都是注重文化建设的杰出企业代表。应该说任何组织从成立那天就开始了文化的积淀，最初是零散的、不被感知的，却自发地发挥着作用。组织领导者要有意识地去将之系统化，让大家形成共同的行为方式和思想境界，并不断固化和传承下去。做文化是一种最高明的领导方式，也是领导者最重要的工作手段。要做好文化建设，需要以下几个因素共同作用。

首先，领导重视。文化建设是一种务虚的工作，短时间很难见到成效，但从长远来说，这又是一件最重要的大事。如果领导不重视，文化建设很容易成为“半拉子”工程。所以领导必须认识其重要性，把它当作战略任务来抓。文化建设是“一把手”工程，除了组织主要领导，其他人都会有更紧急、更重要的任务，所以必须是主要领导一抓到底，并为之提供人、财、物等各方面的保障。

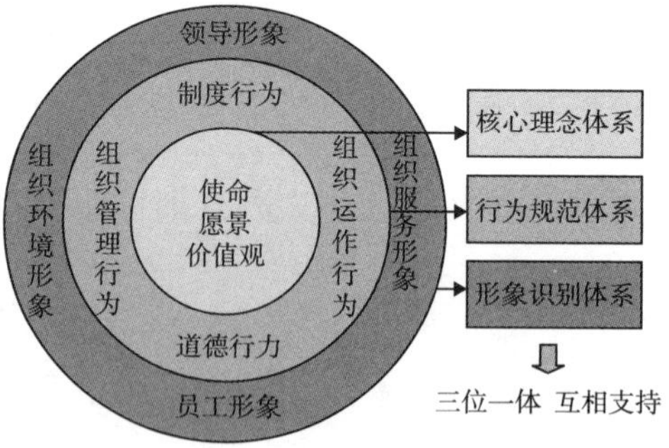

图 6　组织文化的内涵和外延

其次，久久为功。文化建设既然是战略任务，见效肯定慢，所以要做好长期坚持的打算。做文化不是出一套手册、搞一个展厅、喊几句口号，而是要让大家真正内化于心、外化于行。这就必须有一个过程，一个反复宣贯和树立榜样的过程，一个通过绩效考核引导和规范大家行为的过程，一个从自发到自觉再到自性的过程。此外，文化建设还必须坚持一张蓝图绘到底。文化建设的长期性，最怕换一个领导者就换一个思路，把文化建设做成“烂尾楼”。这并不是说组织的文化必须一成不变，文化本身也是情境的产物，需要不断变革与发展。但除非之前的工作流于形式或已被证明完全不适应当前情况，否则组织文化的核心内容应尽量保持相对稳定，最忌动辄推倒重来。

最后，全员参与。文化作为一种心理契约，跟组织里的每个人都息息相关，所以文化建设要全员参与。文化的内核一般先由主要领导提出，并在管理层充分酝酿讨论，同时要想办法让更多普通员工参与进来。我们现在完全可以通过信息技术收集大家的意见，让每个人都有机会畅所欲言。一方面全员参与是体现组织对每个个体的尊重，另一方面参与度就是遵从度，这样形成的文化系统一定更容易被大家接受。所以千万不要以为文化建设只是高管的事，并关起门来做文化。正确的做法是要在高管层形成共识，成立专门的内部机构负责推进，聘请外部专家辅导把关，并发动每个部门、每个人建言献策。

二是制度建设。组织制度是指组织要求成员共同遵守的规章和准则，它决定一个组织的秩序和边界。无规矩，不以成方圆。制度可以保证组织有效运转，是达成组织目标的可靠保障，也是实现公平、公正、公开的必要条件。一个有效的制度能起到制衡的作用，省去很多监督成本。近年推出的矿长带头下井作业制度大大减少了煤矿事故的发生，这些都是制度制衡的典范。

中国儒家出于“人之初，性本善”这个基本假设，总是把治理的希望寄托在大家的“修身”和圣人的教化上，所以几千年来我们一直是以人治为主的社会。而西方出于“人的原罪”说，认为人都必须靠制度来约束，所以他们更看重法治。近年来，我们也越来越重视制度建设。国家层面提出要全面依法治国；企业层面也有不少制度管理的成功尝试。华为在1998年就推出了“华为基本法”，涵盖了企业目标、价值观和企业经营、组织、控制政策等，要求任何人不能例外，应该说这是华为成功的基石。万科地产很早就提出“忠实于制度、忠实于流程”的要求，也是制度管理的典范。要做好组织的制度建设，需从以下三个方面着手。

首先，制度必须规范合理。所谓规范，是指制度制定发布的程序要规范，要综合考虑各方面的建议和诉求；制度的内容不能违反国家有关法律法规；制度内容表述要清晰明确，要让大家清楚地知道红线在哪里，越过红线会有什么后果；等等。制度的合理性是指要从组织实际出发，要考虑组织所处行业、自身发展阶段以及员工的个性特征等因素来制定合理可行的制度。

其次，制度必须有利于执行。任何制度如果不能被执行就是一张废纸，在制度建设时必须考虑可行性。制度一旦制定发布，任何人都必须遵守，组织高层更要带头执行。上行下效，制度才能发挥威力。同时，制度终究是靠人来执行的，制定制度时要考虑执行者的特点，要充分考虑执行中的实际困难，但凡难以执行的条款，宁缺毋滥，免得损害制度的权威性。

最后，制度必须不断修改完善，与时俱进。制度不是一成不变的，要根据组织的发展和环境的变化及时修订与完善。总结一个阶段的工作时，就要对工作过程和绩效考核中发现的问题及时处理，是执行力不够的要加强执行考核；是制度有缺陷、不完善的，要组织有关人员修订制度，使之日臻完善。

三是建立有效管理机制。机制是指各要素之间的结构关系和运行方式。管理机制是指管理系统的结构及其运行体系。要建立有效机制，就要理顺组织里各部门、各机构的关系，设置有效运转程序，并从职能上明确各部分的责权利；同时组织内部各种机制是一个大系统，相互影响、相互制约，因而机制的建立要有整体观，要注重协调效应。机制从广义上来说也是制度的一部分，要通过制度起作用，是制度化的方法体系。所以机制建设必须和制度建设同时进行。举例来说，很多组织都有“开会不许迟到”的制度，但如何执行这个制度，各有各的高招：有的罚站，有的罚款，还有的要求迟到者和所在的团队一起受罚，等等。这些高招及其执行程序就是相应的机制。制度必须依靠一定的机制才能真正发挥作用，而机制又必须以制度为依据，并受组织文化的影响。

所以，领导者要实现从报时员向造钟师的角色转变必须从文化建设、制度和机制建设着手，以打造一个能超越个体并健康运转的有机系统。

延伸阅读：香港科技大学的发展与启示

香港科技大学成立于1991年10月，是一所高度国际化的研究型大学，2020年QS世界大学排名第27，2018—2020年泰晤士高等教育世界年轻大学排名第1，2016—2018年金融时报高级管理人员工商管理硕士（EMBA）课程排名全球第1。

是什么推动香港科技大学在短时间内成为了著名大学，是什么促成了香港科技大学的成功？

我先分享一个关于香港科技大学首任校长吴家玮的故事。据说在香港科技大学成立的那年圣诞节前夜，吴家玮把学校各系主任召集到家里开了一个派对，中间特意安排了一个独特的环节：他当着众人的面把自己之前的专著和论文一把火全烧掉，然后发表了一个演讲。大概意思是：以前他是个物理学家，以个人的专著和论文来衡量自己的成功，但现在他是香港科技大学的校长，要以学校的成功为自己的目标！不管故事是否真实，吴家玮无疑是一个高明的领导者，对领导角色把握得非常到位。从 1988 年筹备到 2001 年卸任，吴家玮对香港科技大学的贡献是不容置疑的。

经验一：准确定位 用大师擎起一流的大学

香港科技大学的迅速崛起，离不开学校的准确定位。香港科技大学首任校长吴家玮上任伊始，就对学校作出了准确的分析与明确的定位。

与一般大学的定位不同，香港科技大学从创建之初，就放弃大而全的想法，一心一意选择小而专。因为当时香港中文大学与香港大学的风格已经形成，吴家玮认为，每所大学都要有自己的特色和风格，不是每所大学在各个方面都非常出色。对于一所世界一流大学来说，最重要的是找准自己的定位，并在自己擅长的领域做到最好。因此，他决定把香港科技大学定位成一所亚洲顶尖的世界级的研究型大学。

经验二：吸引人才是关键

有了准确的定位，还要有符合其要求的类型风格的教师。一个学校的好与坏完全看教师，一流的教师会带来一流的风格。

香港科技大学的成功也在于此。在一流大学的定位下，香港科技大学的教师选择也有严格的规定，对于什么样的人才有资格担任教授，大家都有共识。香港科技大学刚成立时，有很多新的编制，香港其他大学的许多教师想投奔香港科技大学抢教员位置，有人甚至建议将整个系“搬”到香港科技大学来。香港科技大学没有同意，申请到香港科技大学任教的教师，要一个一个地审查，看其是否达到要求。

“得尽天时，占尽地利，享尽人和”“没有老本，没有包袱，没有束缚”……不少论者都试图寻找各种原因诠释“科大现象”的奥秘。而“以人为本，因人成事，事在人为”，则更被香港科技大学的创校者视为诸多成功因素的核心与主线。

也许正是因了这“以人为本，给人自由”的兼容并包、学术开放的用人理念，才吸引了一大批有影响力的学术人才。

经验三：制度完善是保证“教授治校”

光引进人才还不行，还要想方设法留住人才。留住人才靠什么？靠的是完善的制度。如果说好的规章制度是一种良性秩序，让其中的人们能够方便、高效地工作的话，那么，香港科技大学的成功得益于一整套健全的“治校宪章”。

香港科技大学一开始就完全采用国际上最先进的学术管理制度，其要点就是“教授治校”。比如聘请教授时，如果经济系出现一个空缺，在香港旧的高等教育体制下，都是由人事部门发广告、面试应聘的人，教授可能只是在最后一个环节参与一下。香港科技大学聘请教授时，发广告、面试应聘的人都直接与经济系的招聘委员会打交道，每个委员打分，以打分结果为依据，如果面试通过的话，再把应聘者请来试讲，不是讲课，而是讲论文，全系的教授（包括没有终身教职的）都可以投票。这是聘请新人的程序。

如果是内部人事问题，比如，教授工作5年之后，是否续签？是否晋升为终身教职？这也由专门的委员会决定，不是某一个人说了算，全部过程和环节都是事先讲清楚的，当然中间的讨论和文件在一定时间（比如5年）内是保密的。所以“教授治校”是一项根本的制度。

三、从指挥官向服务者的角色转变

有个真实的故事：一天早晨，某女士发现有位邻居在下楼时顺便将各家门口的垃圾袋都带下楼。她深受感动，于是也学着帮大家倒垃圾。慢慢地，整个社区的热心人越来越多，都主动帮助他人……在这个故事里，一个人的行动就能让越来越多的人做出改变，心甘情愿地为他人付出，在服务他人的过程中意外地赢得了别人的追随。那么，这到底是服务他人还是领导他人？从表面看是服务，但从前面谈到的“领导就是激发别人的动力和善意”这个概念来说，这当然也是领导。

麻省理工学院的格林利夫（Greenleaf）教授在他的著作《仆人式领导》中提出：服务型领导应将员工放在第一位，不仅要关注他们的成长，还要重视员工的心理、生活等多方面因素……这样可以加强员工对组织的忠诚度，还能提高员工工作的满意度和工作效率。以上都道出了领导的真谛：领导者就是公仆，领导就是服务。

从传统组织结构上看，领导者似乎更多地在行使指挥职能。但在知识型社会里，指挥和命令会越来越失效。一方面是因为当今社会瞬息万变，领导不可能掌握全部信息，必须授权一线员工见机行事，否则指挥得越多越容易出错。另一方面组织里知识型员工越来越多，他们受过良好的教育，个人的专业能力很强，基本上都能胜任自己的工作。他们愿意自己管理自己，不喜欢被指挥和命令。他们需要的是支持、合作和服务，并希望有足够的自由来完成自己感兴趣的事。在他们身上，传统领导方法会失灵甚至起反作用。这就需要领导者调整角色，由传统的指挥员转变为服务者。

由指挥到服务，就要把员工和大众的利益放在自己的利益之上，想人之所想、急人之所急，立足为大家排忧解难。几年前有一篇文章很火，讲的是女企业家在深圳和海口两地投资的感受。在深圳，她一个上午就注册完一家半导体公司，下午就接到深圳招商局来电，介绍福田区对半导体公司有哪些政府补贴，并建议她写一份商业计划书，看是否符合条件并会协助她申请。她到福田区考察，又获得政府工作人员热情对待，详细讲解，并主动留下联系人及电话以保持联络。当得知她的企业有意上市时，对方又提出可以请深交所、券商和政府重点项目负责人一起来帮公司做上市前的分析辅导。反观在海口市，她遇到的却是政府工作人员冰冷生硬的面孔，她曾多次联系海口某区分管环保的领导到公司调研，却一再被推迟，最终不了了之。还有，公司按要求上报材料，几个月过去了，杳无音信。她去问负责上报的某部门，说是报到省里了。她跑去省里查询，省里说还没报上来。在两地，她感受到了“五星级服务”和“权力的傲慢”的体验差异！应该说，海口的现象在我国其他地方也绝非少见。这个案例虽然说的是政府部门对外服务的情况，但在企业组织内部也不乏这种高高在上、官派十足的人。因为在他们心中，领导者意味着“地位”和“权威”，甚至可以对别人爱理不理。这些领导者必须转变作风，增强服务意识，否则迟早会被淘汰。有追随者才会有领导力，如果领导者不把大家的利益放在首位，没有先人后己、主动服务的精神，哪来的感召力！又怎么会有追随者。

由指挥官向服务者转变，也是当今信息社会的需要。在瞬息万变的信息社会，组织中的领导者很难及时掌握所有最新的情况，如果还是一味地下命令，就避免不了乱指挥的现象。解决办法就是把决策权下放到第一线，“让听得见炮声的人呼唤炮火”，然后按照一线的要求配置资源，提供服务。华为所谓“倒三角”人才组织模式，就是由一线员工直接面对市场终端需求，倒逼企业体系为之提供资源和服务。

正如任正非所言："所有管理都是成本，唯一需要做的管理就是做服务。所以在你成为领导之前，要先服务于人。当你成为领导之后，要做到服务更多员工，你带的员工要服务各个部门。"

由指挥官转变为服务者，不只是一般意义上的后勤服务，还有更重要的"搭平台，给支持"服务。领导的实质是要释放人的潜力。围绕这个目标，领导者要为大家搭好平台，并用相关机制让大家在平台上各显神通，而领导者则在后台提供支持服务。近10多年来，海尔集团进行了引人瞩目的组织变革。张瑞敏提出海尔集团要达到"企业无边界，管理无领导，供应链无尺度"的"三无"境界；并提出"三化"目标：公司平台化，员工创客化，用户个性化。把整个公司转变为一个创业平台，允许所有人来平台创业成立"小微团队"，并赋予其经营、用人和财务自主权。原来的各部门和分公司，则变成了大大小小的"平台主"，为各"小微团队"提供战略把控和资源支持服务。这其实也是新经济时代的领导转型：用平台化去中心化，让员工自己管理自己。用张瑞敏的话就是"人人都是自己的CEO"，而传统意义上的领导都转变为服务支持。

这种搭平台、做服务的智慧其实我国古已有之。《老子》推崇“无为而治”，无为不是无所作为，是提醒领导者要尽量避免以自己的喜好、权力、金钱等去强行施加影响，是要像“润物细无声”的水一样，默默地做着“利万物而不争，处众人之所恶”的服务工作。最后的结果是“功遂，百姓曰：我自然”，也就是说事情成了，而大家都觉得这是他们自己努力的结果（自己做自己的CEO）。《史记·高祖本纪》记载，刘邦在总结夺取天下的经验时说：“夫运筹帷幄之中，决胜千里之外，吾不如子房；镇国家，抚百姓，给馈饷，不绝粮道，吾不如萧何；连百万之军，战必胜，攻必取，吾不如韩信。此三人，皆人杰也，吾能用之，此吾所以取天下也。”意思是他能取得天下重要的是用对了三个人，即谋略靠张良、后勤靠萧何、用兵打仗靠韩信。史官问刘邦，为什么他们这么优秀，而当皇帝不是那三人中的一个？刘邦回答说，这三个人都很优秀，就好比三个不错的车轮，而自己是能把三个车轮组合在一起的那根大梁，进而组合成一辆战车。这里说的战车其实就是平台的意思，如果没有这个平台，萧何可能还只是个狱吏，张良也只是个没落贵族，而韩信也许只是个无名小卒而已。

领导者把握好了领导角色（行为规范和模式的总和）其实就是掌握了领导之法（规则的总称）。领导者要提高领导力就要学会从运动员到教练员、从报时员向造钟师和从指挥官到服务者的转变。这既是时代的要求，也是明智的选择。

第 6 章

至善领导之术

有道无术，术尚可求。有术无道，止于术。

——老子

“术”是在规则体系下的具体操作方法。领导之术就是领导方法和艺术。领导既是科学，有其自身的规律；领导也是艺术，需要在不同的情境下采用不同的方法，才能取得相应的效果。

一、领导治学之术

学习能力是一切能力的基础。成年人在学习时要做好三个转变。第一，要从以书本和知识为中心转变为以问题为中心。成年人特别是领导者的学习时间大都是碎片化的，如果不围绕工作和生活中的问题展开是很难坚持下去的。大家可能都有过这样的体会：一本书放在床头，看几页就困了，一周下来连《前言》都没读完，再过一段时间就把这本彻底搁置了。但如果我们接到一个研究任务，要求在一个月之内提交一个相关的报告，那么我们找资料、查文献，可能读到凌晨两三点都还不困，为什么？这就是问题导向的学习，有解决问题的原动力和压力，效率就会高很多。第二，要从提高素质的学习转变为提高能力的学习。既然学习应该是问题导向，自然追求的是提高解决问题的能力。素质是内在的，只有在工作和生活中表现出来的做人处事的办法才是能力，所以我们要把学习的重点放到提高能力上，这样才能做到有的放矢。第三，要从个体学习转变为团队学习。成年人看待问题、分析问题容易受到自身的职位、知识和成长经历的影响，也就是说，每个人都会有自己的局限性，所以在学习中经常有盲人摸象的现象发生。因此学会站在他人或团队的角度思考问题就非常必要，在学习中组成学习小组，大家放下自我，相互倾听和借鉴，在相互启发和反思中共同成长，这就是团队学习。前面介绍的行动学习就是非常好的团队学习的方式。

从方法论来说，成年人的学习特别是领导者的学习要追求知行合一。在中国哲学视野里，“行”表示人活动的目的性，包括意义、目标、方向、任务、道路等，“知”则是对目的的思考、理解、认识、认同等。因此，二者互相依存、不可分离。《尚书》提出“知之非艰，行之惟艰”，反映了儒家原典最早的知行观点，也就是知易行难。孔子主张“学而时习之”“听其言而观其行”“君子耻其言过其行”，反对言过其实、有言不行，以言行不一为耻，都是强调行的重要性。王阳明则明确提出“知行合一”，认为“知是行之始，行是知之成”。知中有行，行中有知，有真知必有笃行，有笃行必有真知。在经济社会高速发展的今天，领导者的水平高不高，不是单纯地看他读书多不多，主要应该看他运用理论和知识解决实际问题的能力强不强，也就是看他能否知行合一。

要做到知行合一，就要善知，就是要善于获取知识。领导者的工作性质决定了其很难长期有大块儿的时间来学习。所以领导者的学习要善于从问题出发，带着问题去求“知”，从而提高学习的效率和效果。

读书是获取知识最普遍最重要的手段。领导者读书范围要广，要做“杂家”。原因是领导者往往面临的是错综复杂的局面和挑战，如果知识的宽度和深度不够，思路就打不开，决策的水平就高不了。具体来说，除了读各自专业领域的书，领导者最好能在哲学、历史、心理、社会等方面多读多学。哲学是关于智慧的学科，是关于世界观和方法论的理论体系，也是关于世界观、人生观和价值观的学问。哲学看起来似乎有些抽象和不实用，却是我们价值判断的“总开关”，是支撑人们思维和行为的坚实“土壤”。领导者要想从纷繁复杂的矛盾中抓住主要矛盾和矛盾的主要方面，就要训练自己的哲学思维，要学会辩证地、历史地、发展地看待和思考问题。历史是记载关于人类过往历程的学科，领导者多读历史，能借鉴古老的智慧应对现实的挑战。领导者主要是做人的工作，要学点心理学，学会读懂人的心理活动过程，了解行为和心理的关系。人都有其社会性，组织也是社会的“器官”，领导者要学会从社会学角度俯视自己所处的组织和其中的个人，这样更能了解人和组织的特性。

除了读书，向他人学习也是善知的重要方面。古人说“见贤思齐”，用现在的话说就是多跟优秀的人在一起自己也会变得更优秀。与优秀者为伍，要学习其经验和方法，学会借用别人的角度看问题、想办法，从而丰富自己的维度，帮助自己更全面地认识世界。更要学习他们的格局、胸怀，用心体会他们的心理能量场。大多数成功者是经过曲折、磨难历练而成功的，都有强大的能量场，我们要善于体会并吸收这种能量，从而锻造自己的能量场。

要做到知行合一，还要善行。用王阳明的话来说就是“要在事上磨炼”。领导是关于实践的学问，知道不等于做到，知而不行就是空中楼阁。领导力的“721学习法则”表明领导力的提升70%要靠在实际工作中总结，也就是要把自己置于问题情境中，在解决问题中提高能力。华为公司长期坚持领导者要从实践产生，“在火线中选拔、在战壕中提拔”，就是强调行胜于言。日本的稻盛和夫坚信：答案在现场，现场有神灵。创业初期，他曾经为了合成某种特殊材料带人做技术攻关，很长时间都被这一问题困扰。有一天他经过实验室时，脚底下好像被什么东西绊了一下，险些摔倒。他不由自主地叫了起来：“是谁把东西放在这儿的?”低头仔细一看发现是鞋底上粘了别人用过的松香。“就是它！”稻盛和夫的脑海中突然闪现出灵感：如果在粉末原料中投入纯净的松香作为黏合剂，那就应该能够成型。于是他马上将原料和松香放在一起，边加热边混合，然后再放入模具里成型，结果取得了圆满成功。这个意外的成功，对稻盛和夫本人有很大的启示。所以他后来一直主张，作为企业经营者，无论有多么高明的战略、多么雄厚的资金、多么精良的设备、多么强大的产品、多么完美的网络、多么周密的制度……如果离开现场，这一切都是虚无缥缈的。也就是说，再好的想法都要在现场实践中落实和检验。

要做到知行合一，更要善思。这里的善思是指要善于在“知”和“行”中总结和反思。总结就是把一个阶段内的工作、学习中的各种经验或情况分析整理，并形成有指导性的结论。总结是一种重要的学习能力，要靠思考来实现。孔子曰：“学而不思则罔，思而不学则殆。”意思是如果只学习书本知识而不思考，就辨不清真伪，容易迷茫；如果只是苦思冥想却不认真读书学习，就会效率低下，最后荒废学业。可见，学习与思考是人们在获取知识过程中，两个相辅相成、密不可分的思维活动。读书时要结合自己的工作实际和经验去思考和总结，哪些知识是自己之前的盲区，哪些在自己的实践中得到了验证，哪些还值得商榷。在实践中也要不断反思，特别是碰到问题和困难的时候，要借助团队的力量对自己的心智模式进行反省。心智决定人的行为，只有调整、完善自己的心智模式才能避免重蹈覆辙，从而找到正确的解决办法。可见，学习是思考的基础，思考是学习的升华。在学习的基础上思考，思考才能深入；在思考的前提下学习，学习才有效果。

要做到知行合一，最后一点是善记。我们在“知”“行”“思”中总会有一些零散的收获，如读书时看到的精彩内容、实践中灵光一现的体会、思考中不期而至的顿悟等。这些都需要及时记录下来，否则容易变成沧海遗珠。另外，我们还要不定期地动笔写写文章，可以是读书笔记，也可以就某个现实问题和观点进行分析论证。写作的过程既是使知识条理化和系统化的过程，也是再学习和升华的过程。创作时除了调取那些已有的信息，还需要查阅大量相关资料，并将头脑中那些不太完整和不够成熟的观点与内容进行再加工，偶尔还会闪现出一些灵感的火花，最后升华出自己的观点和理论体系。只有这样，领导者才会有自己的主见和思想，才有可能运用思想的武器去影响更多人。

总之，善知、善行、善思和善记是领导者治学的四个要点，循途守辙，必能到达知行合一的境界。

延伸阅读：张一鸣对读书的态度决定了他的高度

字节跳动创始人张一鸣说："安静的时候觉得书比大部分朋友更好，它会不知疲倦地深入地和你交流，而无须客套，也不用搞笑，它不会即时地给你回应，但会耐心地娓娓道来，你不耐心可以暂停，有时间则随时继续，一直到你有天遇到答案。看书本来就是和有智慧的人联网的过程。”

我们很多时候看书是因为现实中碰到了问题和瓶颈，是为了寻找答案，翻开书才知道原来有那么多人遇到和你一样的问题，他们有很多解决方法，你的心态就会更加开放，也就很容易跳出思维的囚笼，不再只认为自己是最优秀的、是唯一正确的。

张一鸣在微博上不止一次提出读书的好处，总结起来有三条。

一是解忧。张一鸣认为，解忧不能靠烟、酒、音乐，有效的解忧方式应该是读书。这听起来好像有点武断，仔细想想却有道理。烟、酒、音乐只可以帮我们解一时之忧，却不能就实际问题给出切实的解决方案。然而人生中大多数问题、烦恼与困惑，都可以在书中找到答案。你觉得迷茫、觉得困惑，只不过是因为书读得太少，而想得太多。

二是交友。孔子曰：“三人行，必有我师焉。”张一鸣说：“看书就是跟先贤联网的过程。”张一鸣认为，遇上一本好书，就等于交了一个良师益友，可以愉悦你的身心，丰盈你的精神。

张一鸣认为，人生本来就是获得各种体验（的过程），读到一本好书本身是最好的体验之一。读书的过程就是和贤人交流的过程。当然，现实生活中的交友也可以带来成长，只不过前提是这位朋友足够优秀。

三是提升自我。张一鸣认为，工作之外最重要的是读书，其次是健身。2012年，29岁的张一鸣创建字节跳动，当时的他人生阅历很有限，正是读书丰富了他的思想，帮他打开了成功之门。王阳明说：人要在事上练。读书能不断给人提供养分，帮助人在实践中不断提高。读书，也许短时间内看不见什么成效，但是日积月累，人的思维和格局都会慢慢打开，气质和谈吐都会有质的提升。

那么，张一鸣认为应该怎样读书呢？

首先，明确读书的目的。读书的目的有很多：有人为了消遣；有人想通过读书改变命运，实现梦想；有人只是为了解决现实中的问题；还有人想通过读书获得地位与尊重。但无论如何，最好明确一个好的出发点，那就是帮助我们不断完善自己。张一鸣选择了“格物致知，诚意正心”作为自己学习的目的，这意味着他将目的放在打磨自己上，强调自我修炼，丰富自我，让自己变得更好。

其次，了解读书的路径。张一鸣认为，求知欲是一种比较稳定的认知需要，可以支撑我们坚持不懈地探求知识的活动。这里的求知欲如果和工作的实际问题联系起来，就更能激发读书的热情和毅力。如果仅仅是因为好奇或者他人的推荐而读书，人们往往容易半途而废。

最后，掌握读书的方法，提高读书效率。人们先天优势都差不多，真正决定一个人的人生层次的在于更高效地利用大脑。张一鸣建议读书时一定要记笔记。他认为需要做笔记的谈话和阅读才有质量。记读书笔记其实就是一个消化书本知识的过程，通过用自己的话将书中的知识和自己头脑中已有的知识进行串联，就能产生非常牢固的联结，从而慢慢形成自己的知识系统。

二、领导沟通之术

沟通是领导和管理工作中最重要的一种能力。大家可能听说过“两个70%”的论述：第一个70%是指组织的领导者实际上将70%的时间用在沟通上，第二个70%是指组织中70%的问题是由于沟通障碍引起的。GE公司前总裁杰克·韦尔奇说过：管理就是沟通、沟通再沟通！松下幸之助也说：管理，过去是沟通，现在是沟通，将来还是沟通！可以说无论怎么强调沟通的重要性都不为过。

要做好沟通最重要的是要有同理心。同理心又叫共情，是指设身处地去体会他人的情绪和想法，理解他人的立场和感受，并站在他人的角度去思考和处理问题。简单地说就是将心比心，真正进入别人的角色，想人之所想、急人之所急。很多时候沟通出问题的原因就出在大家只站在自己的角度，认为自己才是对的，凡是和自己相左的观点都听不进去，最后谁也说服不了谁，甚至演变成冲突。

《三国演义》里面写道：周瑜刚为东吴大都督时，首次点将，发现老将程普未到，并且他事先也没有请假，只是让自己的儿子代为告病。如果你是周瑜，你会怎么办？抓程普作典型杀一儆百，还是假装什么都没有发生？书中描述，周瑜设身处地分析了程普的心理活动，深刻体会了对方的心思，周瑜对程普的儿子说："回去告知令尊，待我料理完毕，当即前往探望"（满足了程普想要得到尊重的期待）；然后周瑜在演练中法纪威严，调兵有度，指挥有方（展示了能力），众将无不心悦诚服。在这个事件中，周瑜以同理心进行了沟通，回应了对方的两个关切，效果很好。事实上后来程普对他也是心服口服，可见同理心在沟通中的作用有多重要。

领导者还要苦练沟通的基本功，把它总结为三个关键词：说清楚、听明白、问仔细（再确认）。

关于说清楚有三个要点。第一，不带情绪地说。很多时候我们之所以说话出问题，就是因为带着情绪，语言不受控制，最后该说的没说，不该说的全发泄出来了，对别人造成伤害，矛盾进一步升级。所以当我们和别人沟通之前，特别是处理冲突时要先确定自己是不是心平气和，如果情绪还没平复，不如先等等，等平静了再说。如果时间紧急，就委托第三方去沟通，这样效果会更好。

第二，突出主题地说。工作上的沟通，一定要事先做充分的准备，要对想表达的主题以及相关的论点、论据心中有数。沟通时尽量条理清晰，向上沟通时，先说结果，再说原因和办法；向下沟通时，先把任务的背景和要求说清楚，再询问有什么疑问和困难。这样的沟通就不容易出偏差。沟通中最忌讳的是你说了半天，别人都不知道你要说什么。也不能在沟通时被别人把主题带跑了，忘了自己要说什么了。如果我们对自己的语言表达能力不自信，不妨把要说的主题和重要内容写在纸上，以便在沟通时能用来提醒自己。

第三，多用描述性语言，尽量少用形容性语言。形容性语言是指用形容词来表达自己的想法，如“快一点”“表现不错”“好好干”等。这些形容性语言往往让人云里雾里：“多快算快一点”“怎么干是好好干”没有定量标准。而描述性的语言则是定时、定量，如“请今天下午五点前把不少于3000字的总结报告交到我办公室”“小王，今年以来你的销售业绩一直排在前三名，做得不错”等。这样的表达不容易出现歧义，这样才算是说清楚。

中国古人造字很有智慧，我们来看看繁字体的“聽”。从左边看要用耳朵听，声声入耳，对于对方的语言、语调也要敏感，否则会漏掉很多信息。我们都知道同样一句话，语调变了，意思可能会完全相反。从右边看下面有个心，说明要用心听，用心感受对方的情绪，揣摩对方要表达的意思，并且心上面有一横，说明要一心一意听。右边中间有一个目字，意思是要用眼睛听，要观察对方的表情和动作，即关注对方的身体语言；并且目字是横着的，说明要用平等的视线，不要居高临下……

现实中很多领导者都喜欢讲话，很少能静下心来听别人讲话。和别人沟通时缺乏耐心，或者心不在焉，甚至动不动就责备。时间久了，大家会觉得这样的领导者不尊重人，于是敬而远之乃至背后埋怨他。这些沟通习惯说起来都是小细节，但小细节可能引起大麻烦。

问仔细或者重复确认是沟通中的一个重要闭环步骤。人通常有不等对方把话说完就轻易下结论的习惯。估计很多人听过这个故事。主持人问一名小朋友："你长大后想要当什么呀？"小朋友认真地回答："我要当飞机驾驶员！"主持人接着问："如果有一天，你的飞机在飞到太平洋上空时所有引擎都熄火了，你会怎么办？"小朋友想了想："我会先告诉坐在飞机上的人绑好安全带，然后我带着降落伞跳出去。"当在场的观众笑得东倒西歪时，主持人继续注视着孩子，想看看"自作聪明"的他是什么表情，没想到孩子委屈得眼泪夺眶而出。主持人似乎意识到了什么，于是继续问小孩说："你为什么要这么做？”小孩的答案透露出一个儿童质朴的想法：“我要去拿燃料，然后回来开飞机！”这个故事值得人们反思，我们习惯不问清楚情况就轻易下结论，习惯从“我”出发，而不去弄明白别人接下来的信息，这显然会阻碍有效的沟通。

工作沟通中很多人碍于面子，对似懂非懂的话不好意思去问。对上沟通时，如果对领导布置的工作还有疑问，觉得领导没说清楚，一定要策略性地问仔细。有时候我们会发现领导也没完全想清楚，这时就要做点功课，把各个方面的信息收集齐，然后拿出几个方案，把自己理解的意思论证清楚，让领导定夺。千万不能因为担心提问会使领导觉得我们水平不行而不敢问，也不能因为领导还没拿定主意就不管不问。向下沟通时，我们有时听不懂下属的信息很正常，毕竟现在的知识日新月异，谁都有自己的知识盲区，虚心向他们请教就行了。这非但不会让人看不起，反而会因为真实和虚心赢得大家的尊重。

工作沟通中，如果我们觉得听懂了，最好用自己的话把对方的意思重复一遍，得到对方的认可后才能结束本次对话。否则我们以为懂了，有时可能因为误解导致与原本的意思相去甚远，甚至南辕北辙。所以工作沟通一定要养成问仔细和重复确认的好习惯。

大家记住沟通的两条定律：黄金定律，你不想怎样被人对待就别那样对待别人（己所不欲，勿施于人）；白金定律，用别人喜欢的方式对待他人（人所欲施予人）。总结下来，要提高沟通能力就要本着一颗同理心，牢记两条定律，苦练三个基本功。按照上面的方法坚持练习下去，我们的沟通能力一定能不断提高。

三、领导决策之术

我们每天都要作很多决策。早上一起来要选择穿什么衣服、吃什么早餐，上班要选择乘坐什么交通工具，等等。相比个人的琐事，领导者所作的决策的影响面要大得多。俗话说：一着不慎，满盘皆输；一着领先，步步占优。说的就是要系统决策。领导者是要给出方向和目标的，而方向问题就是组织的重大决策问题。决策是一个复杂的思维过程，包括信息搜集、信息加工、作出判断、得出结论等步骤。这么多环节，每一步都包含丰富的工作内涵，哪一步没做好都会影响决策效果，可见要作好决策并非易事。

作决策的前提是要厘清问题。很多人习惯一碰到问题就急于想解决办法，这样看起来似乎很高效，但当面对复杂的问题时，如果连问题都没认识清楚就去行动，很多时候就会徒劳无功。就像工作中的问题通常有千丝万缕的联系，有时一个问题是另一个更大问题的表现形式；有的问题经常发生，有的问题则是偶发性的，等等。要想把问题搞清楚，先要把问题和现象区分开。如果只是现象，就要把其背后真正的问题找出来，然后再判断是什么性质的问题。如果是经常发生的问题就要在制度中增加例行解决的办法，如果是偶发性的，甚至之前都没有遇到过的问题，就要对问题好好分析，召集相关人士，让大家各抒己见，从各自的角度把问题谈清楚，不要急于出对策，要等大家对问题形成更全面的认识再进行下一步的工作。

把问题搞明白后，就要明确决策的目标，提高决策的速度。有一个著名的“布里丹毛驴效应”，来自法国哲学家布里丹讲的一个寓言故事：一头毛驴外出觅食，发现两堆相距不远的草料。东边是一大堆干草料，西边是一小堆新鲜的草料。毛驴很高兴，跑到大堆的干草料那里刚要吃，突然想，西边那堆草料那么新鲜，肯定更好吃，于是它就跑到新鲜的草料前。然而它又想，这堆草料虽然很新鲜，可要是别的毛驴把那一大堆干草料吃光的话自己就要饿肚子了，还是回去吃干草料吧！就这样，一会儿考虑数量，一会儿考虑质量，一会儿分析颜色，一会儿分析新鲜度，犹犹豫豫，来来回回。最后，这只可怜的毛驴饿死在两堆草料中间。这就是缺乏决策目标和效率，从而贻误大事的典型案例。如果是为了填饱肚子，挑大堆的干草料就好，如果是为了追求口感，那就吃新鲜的草料。商业竞争很多时候拼的就是速度，如果不及时决策，多好的机会都会擦肩而过。而明确决策目标能帮助我们按照目标果断决策，从而提高决策速度。既然鱼和熊掌不可兼得，那就要以目标为导向。互联网企业通常以迭代更新来实现快速竞争。就像小米手机一开始推出的产品并不追求功能最全、性能最完善，而是通过后面不断更新升级来满足顾客的需要。如果一开始就追求产品完美无缺，只怕等到真把这样的产品做出来，市场和需求早就改变了。

决策的同时要考虑执行问题。我们经常听到这个说法：100分的决策，如果只有60%的执行，其效果也就是60分；70分的决策，如果100%的执行，效果是70分。任正非在总结华为的经验时曾说：“我们就是认准一个目标长期傻干傻投入。”潍柴集团董事长谭旭光在2021年总结大会上说：“潍柴集团长期以来最引以为傲的就是我们的执行力。”他把执行力当作公司成功的重要法宝。联想集团曾经追求打造“斯巴达克方阵”，也是强调执行力的重要性。所以高明的领导者在决策时就要把执行的因素考虑进去：让谁来执行？执行中可能会有哪些困难？能不能克服？有没有预备方案？等等。并且在执行时要重视反馈，以印证决策的有效性。决策完成之后并不是一成不变的，要根据执行反馈的实际情况和条件作相应的调整与修正。此外，组织领导者还要从执行文化、工作流程和绩效考核等方面着手，创造有利于执行的制度和氛围。

要保证决策的有效性，领导者要注意听取各方面的声音，并要特别重视反面意见。民主是科学决策的前提。每个人看问题解决问题都有各自的局限性，在遇到重大决策时，只有集思广益、群策群力，充分听取组织内部和外部的意见，才能保证决策的有效性。在所有意见中，领导者尤其要重视反对意见。美国通用汽车公司前总裁斯隆就有“无反面意见不决策”的习惯。如果他在会上听不到反面意见就会宣布暂停决策，散会，并建议大家回去多从反面思考，然后再开会讨论。我们听不到反面意见通常有以下两种情况：第一，大家对问题的认识都停留在同一个层面，群体思维趋同，看不到其他方面的情况。这时候就有必要引进外脑（通常指专家或独立咨询机构），让第三方带来新的角度和意见。第二，有不同的意见但迫于各种压力，不敢表达。这就需要领导者有意“挑起”争论，让反面意见浮出水面。更重要的是，领导者平时要注意建立畅所欲言的文化氛围，让大家愿意表达自己的真实思想。决策时的反面意见之所以重要是因为它本身就是备选方案。同时，理越辩越明。在双方争论不下时，为了证明自己并驳倒对方，各方都会更积极地去搜集更多的材料和证据，厘清自己的思路。这个过程定会激发大家的思维，有时会有意外的收获。总之，“兼听则明，偏信则暗”，领导者要做到科学决策就要多听取各方面的意见。

领导者要学会运用现代决策工具。现在有很多决策工具，如六顶思考帽、决策矩阵和三圈理论等。三圈理论是哈佛大学教授提出来的一个决策工具，它要求人们作决策的时候要从价值、能力、支持三个方面进行分析推导。首先是价值，做任何事要先看有没有价值，值不值得投入。其次是能力，即组织的资源构成。最后是支持，即组织成员是不是都理解了决策意图，是否愿意全力支持和配合决策的执行。把这三个因素画成相互交叉的三个圆圈：价值在上，下面左右各一个圈分别代表能力与支持。三个圈的重合部分就是决策黄金区（见图7）。

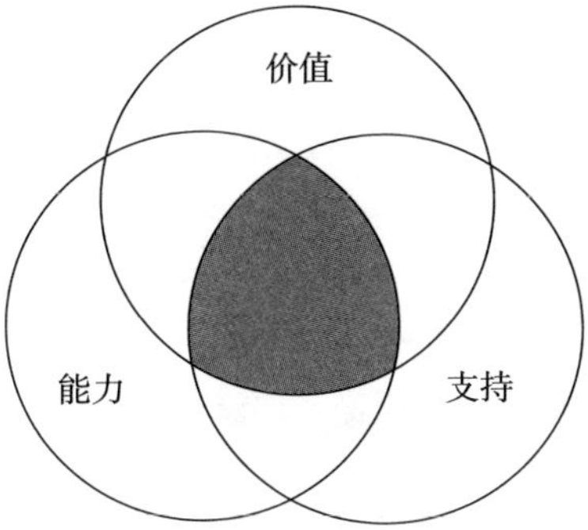

图 7 哈佛大学三圈理论模型

当然这三个圈不是静止不变的，价值会随着时间上升或下降，今天有价值并不代表未来几年还能保持价值，现在没价值也不能肯定未来没有价值；能力也会随着人员的变化而增减，因为大家的能力都会随着工作和培训的时间而增长，人员的加入和离开也会影响团队的能力。领导者要善于做说服工作，让更多的同事支持和配合团队的决策，众人一心才更容易成功。由此可见，随着我们的努力和时间的变化，这三个圈始终是运动变化的，这就需要领导者在动态中平衡各方面的实际情况，从而作出科学判断和决策。

总之，民主、科学和有效的决策有赖于我们对问题的清晰认识，需要明确的决策目标，要重视反面意见和执行，还要善于运用现代决策分析工具。

延伸阅读：没有反对意见不作决策

著名管理大师德鲁克曾说："没有反对意见就不作决策。"这听起来似乎与人们正常的思维相悖，但这正是德鲁克教导企业领导者的最具影响力的一课，也是一生受用的一课。

很多企业之所以遭受重创，很大一个原因是领导者盲目自大、自以为是，根本听不进去反对的意见，结果付出了高昂的"学费"。没有异议，没有不同的见解，没有反对意见，在决策中往往会遗漏一些重要的信息。

聪明的领导者在决策前都会倾听不同的声音，即使大家都赞成自己的决策，也会再对外寻找他人给出的异议。这是决策的一条重要原则。

通用汽车公司前总裁艾尔弗雷德·斯隆被誉为“通用汽车历史上最伟大的领袖”。他曾在该公司一次高层会议中说过这样一段话：“诸位先生，在我看来，我们对这项决策，都有了完全一致的看法了。”出席会议的高层领导都点头表示同意。没想到斯隆接着说：“现在我宣布会议结束，此问题延到下一次会议时再进行讨论。我希望下次会议时，能听到反对的意见，我们也许才能对这项决策真正了解。”一个月后，这次会议中提到的案子被否决了，斯隆却表示非常高兴。

还有一次斯隆与一个表达异议的员工争论了起来，该员工一点也不给斯隆留面子，一番争论下来谁也没说服谁。会后，斯隆的秘书就说：“这位员工这么烦人，你为什么不解雇他？”斯隆说道：“解雇他？太荒谬了，他只是在完成他的任务。”

斯隆用这种方式不断地改进自己的决策，使得他带领着通用汽车公司打败了福特汽车公司，成为在美国市场上份额第一的汽车公司。

领导者由于位高权重很容易被“蒙蔽双眼”，下属或许为了迎合领导者而对任何决策都表示赞同，这就导致很多有错误、不完善的决策被实施。

领导者不但要善于听取不同意见，主动寻求更多的解决方案，还要主动寻求反对意见，多从反面角度思考问题。领导者主动寻求不同的意见有两个好处：一是寻求民主决策，二是在决策方法上集思广益。

艾尔弗雷德·斯隆曾就通用汽车公司内部讨论问题的事宜提出三个原则。

第一，鼓励员工们互相主动交流意见。

第二，员工可以随时跟上级反映意见，同时，他的上级要重视意见，一刻也不能怠慢地再次向上传递。

第三，永远不要处罚那些因为提出异议而表现过激的员工。

这三条原则保障了通用汽车公司有一个平等开放的环境，每个员工都有自己的话语权。斯隆每天都可以掌握大量有关决策的意见，尽管很多意见特别可笑，但是也会有一些闪烁着智慧光芒的不同意见。斯隆在看到反对意见之后，就会站在对方的角度去思考：这样反对是否是合理的，这个决策是否能够被轻易反驳……当他这样不断地推敲思考后，也就能作出最正确的决策了。

四、领导创新之术

这是一个变革的时代，更是一个创新的时代。置身于这样的时代浪潮中，唯有创新才能永立潮头。按照创新之父熊彼特的定义，创新是一种创造性破坏，它既是旧事物的毁灭，也是革命性的新生。德鲁克则认为创新是组织的一项基本功能，是管理者的一项重要职责，是有规律可循的实务工作。他提出，创新可能来自天才的灵光乍现，但更多是有意识、有目的的活动。对于领导者来说，创新是一种意识，更是一种能力。领导者不仅自身要成为创新的示范者，更要担负起引领组织创新的责任。那么如何才能实现创新呢?

从个人层面来说，开放的心态更利于创新。开放的心态就是积极接纳新鲜事物，欢迎新的变化。一方面要承认自己的“无知”，要认识到自身的知识和经验的局限性；要“自以为非”，经常反省自己，虚心接受他人的质疑。另一方面对外在世界要充满好奇心，愿意了解和接触自己不熟悉的东西，不轻易否定任何新鲜事物。好奇心是驱动人类进步的原动力。牛顿因为好奇于苹果为什么往下掉才发现了万有引力定律，瓦特对烧水壶的壶盖被热气“推”得跳动起来好奇才发明了蒸汽机……要做到心态开放，就要时时提醒自己不轻易说“不”。

从组织层面来看，创新需要鼓励试错、自由宽松的文化土壤。创新要靠人来实现，而人都会受环境的影响，不同的文化塑造不同的行为。组织要追求创新就必须给大家营造一个宽松的环境，让大家乐于去尝试新的东西。3M公司之所以能被誉为最具创新精神的企业，和它的创新文化息息相关。它有个著名的“15%原则”，就是允许技术人员用15%的工作时间“干私活”。谷歌公司给予员工20%的自由时间。3M公司还有一个“视而不见”管理原则。就是要求管理者对那些看起来“不切实际”的计划和想法要充分容忍，哪怕有人觉得实在荒谬，也不能轻易否定。在3M公司，只要有研发产品的新主意，就可以向公司申请资金，只要获得一定程度认可，公司就会匹配更多的资源，而一旦形成产品并获得市场验证，各种奖励也会纷至沓来。

当然除了奖励成功者，更重要的还要宽容对待那些创新失败的人。在美国硅谷，有不以失败为耻、反以失败为荣的文化氛围。硅谷的风投公司对于一个从没有失败过的创业者是不太相信的。有机构统计过，以5年内倒闭的标准计算，硅谷创业公司的失败率远高于全美平均水平（大概50%），达到75%。也许正因为这样，硅谷诞生了Google、Meta、Apple……这些知名的企业。优步（Uber）公司创始人卡拉尼克在成功前就经历过多次创业失败，最惨的时候官司缠身，连房租都付不起。所以失败不可怕，可怕的是失败以后再也没有勇气创业。领导者要有意营造宽松的文化环境，既鼓励创新，更允许失败，要给大家自由发挥的空间和机会。否则，创新只是空谈和口号而已。

我们要意识到很多创新成果都是意外的收获。3M公司的“即时贴”发明就是典型的例子。一个叫弗雷的工程师经常去教堂唱诗班唱歌，习惯在歌本里夹一张纸片作记号，但纸片容易滑落，他常要弯腰从地上捡起来，十分麻烦。有一天他在唱诗时忽然想到，要是有一种使用时能牢牢地粘在纸上，不用时又能轻易揭去的“书签”就好了。恰巧当时公司有人已开发出一种粘不牢的胶水（实际上是一个失败的配方），粘在纸上可以轻易撕下来，于是两人一拍即合，一个广受欢迎的产品便诞生了。阿里的支付宝也不是计划中的产物。当时淘宝在发展电子商务时碰到了最大的瓶颈，即交易信用问题：买家不愿意先付款，怕卖货的跑路；卖家不愿意先发货，怕收不回货款。于是阿里自然而然想到了开发一个产品作为“中间人”，先把款收过来再通知卖家发货，买家确认收货后再通知淘宝付款，支付宝就这么被开发出来了。可见，创新很多时候并不是刻意为之，而是在解决实际问题和矛盾的过程中产生的。所以领导者不能只盯着所谓创新的顶层设计，更要重视一线实践带来的首创经验。

我们还要认识到，创新并不都是惊天动地的发明，持续改进也是创新。创新分为颠覆式创新和渐进式创新两种形式。前者通常是可遇不可求，后者则需要领导者有意识地长期努力。管理学者贝桑特认为“持续改进就是创新的一种形式”。和重大创新相比，领导者更容易从管理、服务、研发、生产等多个环节进行持续改进。任何变化都是从量变到质变的过程，“不积跬步，无以至千里”。浪潮集团原总裁孙丕恕说：“今天比昨天进步就是创新。”浪潮集团就是怀着这样的信念一步一步走过来的。从计算机主板到个人计算机，从寻呼机到程控机，从智能终端芯片到高性能服务器，每一个创新都是持续努力的结果。丰田汽车公司也是以“持续改善”为核心的精益思想而享誉全球的。因此组织的领导者在创新上不要一味地好大喜功，要意识到有时候一个小小的制度调整，对机制的不断改进也能产生意想不到的结果。

变革型领导者更容易带来创新。所谓变革型领导者，是指通过愿景引领、心理鼓舞、才智启发和个性关怀，最大限度调动员工的潜能，让员工自主工作的领导者。

变革型领导者通常都有远大的甚至是不可思议的目标，并不断用新观念、新手段和新方法激励下属实现它。他们认为员工能力的发挥是组织发展的关键，鼓励下属采用全新的思想和革新性的方法解决问题。他们提出新主意，并激励下属创造性地回应，希望通过问题假设和自我挑战使员工的创造力获得迸发。就像埃隆·马斯克公开宣称要将游客送上月球旅游、将人类送到火星实现火星移民、将芯片植入大脑等。马斯克的这些计划听起来是疯狂的，然而，能把其中任何一件事做成都将会是改变世界和创造历史的奇迹。这样伟大的理想必能吸引一大批优秀的人和他一起努力，也更能激发大家的创造潜能。

变革型领导者还善于给予员工个性化的关怀，即为每一个员工提供不同的培育和指导，赋予他们不同的责任，使其觉得深受重视而更加努力。变革型领导者注意听取下属的心声，尤其关注下属的成就和成长需求。

总之，变革型领导者通过激动人心的愿景、日益高涨的士气、不断提升的能力和周到备至的个性关怀，更能让组织成员迸发出创新的意愿和潜能。

五、领导自知之术

了解自己，既是一个古老的哲学命题，也是一个现实难题。“认识你自己！”——这句刻写在希腊圣城德尔斐神殿上的著名箴言，经常被哲学家们引用来规劝世人，认识自己真正的价值。苏格拉底把“认识你自己”当作自己的信条，与此同时，当有人问苏格拉底：“世上何事最难？”他回答：“认识自己。”毕竟，当局者迷，旁观者清，不管你认为自己多么聪明，都很难超越自己的局限。法国思想家蒙田说：“一个人最坏的状态是失去了对自己的认识和支配。”因为不能认清自己的兴趣和特长，我们往往选错职业；因为不能认清自己的欲望和情绪，我们往往陷入短视、自私和冲动等精神怪圈；因为不能认清自己的角色，我们往往陷入紧张的人际关系；因为不能认清自己的能力，我们往往盲目自信、自以为是，甚至做出一些令人愕然的事情。对于领导者来说，要清醒地看清自己更难。一方面，因为领导者都有自己的成功过往甚至辉煌经历，容易骄傲自大，高估自己；另一方面，因为领导者任职时间越久，权力越大，身边不说真话的人也会越多。俗话说谎言重复一千遍也会成为“真理”，说的人一多，时间一长，容易使人步入自以为是的误区。战国时期的赵括，其父赵奢是一代名将，因此赵括从小就受到了良好的军事熏陶。据史料记载，赵括在军事学习上很有天赋，论起用兵之道，连久经沙场的赵奢都难不倒他。在军事实践中，年轻的赵括曾出主意帮助父亲不费一兵一卒攻克了齐国的麦丘，从而受到赵王奖赏而闻名天下。然而，少年得志的赵括沉溺在满腹经纶的自满之中，不沉下心来了仔细钻研战争的根本规律，为最终的大败埋下了伏笔。在后来与秦国的长平之战中，由于赵括刚愎自用，用兵失败，导致赵军落入秦军的圈套，自己也战败身亡，让赵国损失了40多万兵力，这也直接导致了赵国的灭亡。可见盲目自信的危害之大。

心理学研究表明，人类对自身的认识还很欠缺。人是一个很复杂的动物，既有其自然属性即像其他动物一样的本性，也有其社会属性即人类独有的规范性，还有各自独特的个性和在不同条件影响之下的可变性。所以，至今谁也不敢说已经对人类认识清楚了。如人的本性到底是善多还是恶多，至今都没有定论。

另外，很多心理学研究表明，人类还有很多认知误区，比如人们在看待自己和别人的问题时态度是截然相反的，心理学把这归纳为两个心理现象：一是基本归因错误，二是自我服务倾向。基本归因错误是指人在看到别人出问题时，总是倾向于把问题原因归结为这个人本身而忽视客观原因。举例来说，当家长发现孩子某科成绩考得很差时，会自然而然地认为是这孩子没有用功，不由自主地把“没考好”的原因归结到孩子身上。自我服务倾向则相反，当自己出问题时，总是先强调客观条件，而忽视自身的因素。这些现象都是无意识的表现，几乎人人都是如此。可见我们要客观地看待自己和他人并不是一件容易的事。

所以，儒家提倡要不断地反省自己，就像曾子所说“吾日三省吾身”才可能不断找到并改正自己的问题。领导者要认清自己，起码要做到三知。

一要知道自己的使命。使命是人生追求的价值和意义，是人生的方向盘和动力源。自古以来，中国的精英阶层一直都是很有使命感的，从孟子的“穷则独善其身，达则兼济天下”，到范仲淹的“居庙堂之高则忧其民，处江湖之远则忧其君”，再到林则徐的“苟利国家生死以，岂因祸福避趋之”，都完美地诠释了中国知识分子的家国情怀。领导者是社会的精英，每个人要把自己的使命和组织、国家、民族的使命统一起来，形成“以天下为己任”的担当精神。同时领导者还是组织的主心骨，必须把为他人创造价值的理念融于我们的使命之中。只有这样，我们才会找到工作的方向和意义，提升人生的高度和品质，也才有可能对他人产生感召力。

二要知道自己的长处。根据盖洛普公司的调查研究，人都是靠发挥自己的优势而成功的。所以领导者要设法找到并充分发挥自己的长处，这样才能如鱼得水，创造最大的价值。据统计，全世界只有20%的职场人士在工作中充分发挥了自己的优势，而绝大部分人正在日复一日地埋没自己的优势，扼杀自己的前途。篮球飞人乔丹成名前在一家二流职业棒球队打棒球，成绩一般，只好重新思考自己的体育生涯。然后他改打篮球，在美国职业篮球联赛充分施展了他的天赋，达到了后人难以企及的高度。毕加索原本想当诗人，他的诗被鉴赏力极高的斯泰因夫人评得一文不值，他因而改变初衷。也幸亏了这位斯泰因夫人的批评，否则这世界就有可能多了一位蹩脚的诗人，少了一位伟大的画家。《龟兔赛跑》这个故事，从另一面看可能误导孩子，以为只要努力坚持，不用在乎是否明智地选择自己的优势领域。毕竟对手打盹是小概率事件，我们不能总是把希望寄托在小概率事件上。

明白了选择比努力更重要这个道理之后，就要设法找到自己的优势。德鲁克先生认为“那些别人费了九牛二虎之力都做不好，而你轻而易举就能做好的事”就是你的优势所在。他还提供了回馈分析法这个工具帮助大家寻找自己的长处：每当我们作重大决策或采取重要行动前，写下预期的结果。9～12个月之后，再以实际成果与当初的预期比较。经过2～3年的反馈，就会显示出你的长处所在。然后你就可以专注于你的长处，做你擅长的工作，并围绕长处来学习提升，使让自己从优秀迈向卓越。

三要知道自己的短处。人总是容易高估自己看低他人，所以柳传志跟他的高管讲过，看自己要有意识地低看三分，看别人要高看三分，如此才大概接近真实水平。一般人不太容易承认自己的不足，越成功的人越会觉得自己无所不能，甚至明明知道弱项所在也会自大地以为自己只是没在那个上面花功夫罢了。然而，“尺有所短，寸有所长”。虚心地承认自己的不足才是进退有据的智慧。运用德鲁克的反馈分析法，不但能挖掘自己的长处，还会显示出自己在哪些方面并不特别高明，或在哪些方面根本毫无希望，也就是说，能帮助我们发现自己的短处。找到短处不是为了补短板，而是为了避免在你的弱项上花功夫。要知道一个人从不足到平庸比从优势到卓越花的功夫要多得多。既然人主要靠发挥优势而成功，所以只要这个短板不影响你的长处发挥，你就可以忽略它。同时，知道自己的短处后，我们要有意识地找这方面有优势的人来补强自己，把自己不擅长的事交给擅长的人去做，形成一个优势互补的团队，所以说接纳自己的不足也是打造完美的团队的开始。

自知不可能一蹴而就，需要我们在工作、生活和学习中长期修炼。领导者要在做事中找到自身的长短，在独处中静观自己的心性，在他人的评价中检照自我的反省，在社会和组织的发展中提升自己的使命。这样才能不断认识自己、超越自己。

六、领导自胜之术

一说到领导者，大家很容易想起那些深刻影响别人甚至改变世界的人，然而领导他人的前提是领导自己。要影响他人先要修炼自己，即“修身”“克己”。孔子认为“克己”是实行“忠恕之道”的先决条件，是“爱人”的前提，还是通往最高的伦理道德境界——“仁”的必经之道。儒学经典《大学》一开篇就讲格物、致知、诚意、正心、修身、齐家、治国、平天下，并强调一切皆以修身为本。佛家所谓戒、定、慧，都与“克己”相关，并且强调由戒生定、由定生慧，从而求得正果。《老子》云："胜人者力，自胜者强。"把自胜放在比胜人更高更难的层次。可见先哲们非常重视自我管理和自我超越。

首先，自胜要自省，就是要不断反省自己的过错。人最大的勇气不是面对敌人而是面对自己。曾国藩是我国历史上杰出的儒家精神代表，他年轻的时候毛病也不少：爱享乐，说大话，还有懒惰的习性。然而他通过自省，终为一代名儒，并有立德立功立言三不朽的成就。他从29岁开始写日记，从没间断。哪怕患眼疾导致一只眼睛失明也坚持写，后来手抖得握不住笔也坚持写，去世前一天还在写。日记中最重要的内容就是反省自己的过错，所谓"凡日间过恶（身过、心过、口过）皆一一记出"。像他这样能把自己的错误一点点记下来，然后每天看，会触目惊心，才有可能真正改正自己。

其次，自胜需自强，就是要树立远大目标，自强不息。目标是一个人对未来的规划和期望。哈佛大学曾经有一项历时25年的跟踪调查研究，调查对象是一群学历、智力、环境都差不多的年轻人。结果发现，27%的人一开始根本没有自己的目标，25年后成了贫穷的社会底层的人；60%的人有比较模糊的目标，后来过着仅能养家糊口的日子；10%的人有清晰但较短期的目标，最后生活得还算富足；剩下3%的人有清晰且长期的目标，通过自己的努力和奋斗，全部成了各行各业的成功人士。可见，目标对一个人是非常重要的，目标就是人生的灯塔，既指引方向，也提供精神动力。只要你朝着目标前进，世界都会给你让路。

有了远大目标以后还要以终为始，把它分解为一个一个的短期目标，并不断用短期目标的成功激励自己。在现实中，很多人做事之所以半途而废，往往不是因为难度大，而是觉得成功离自己太远，确切地说，放弃不是因为困难，而是因为倦怠。山田本一是日本著名的马拉松运动员，他曾在1984年和1987年两次夺得世界冠军。他在自传中透露了自己的成功秘诀："每次比赛之前，我都要乘车把比赛的路线仔细地看一遍，并把沿途比较醒目的标志画下来，比如第一标志是银行，第二标志是一个古怪的大树，第三标志是一座高楼……这样一直画到赛程的结束。比赛开始后，我就奋力向第一个目标冲去，到达第一个目标后，我又向第二个目标冲去……40多千米的赛程，被我分解成几个小目标，跑起来就轻松多了。"这个故事告诉我们：目标是需要分解的，一个人既要有振奋人心的最终目标，更要有明确的短期绩效目标，让自己在前进中不断地受到成功的激励。

最后，自胜更须自律。要严格管理好自己的时间和情绪，养成良好的行为习惯。领导者的职位越高，时间越不属于自己，时间成了最宝贵的资源，因此，管理好时间非常重要。彼得·德鲁克在《卓有成效的管理者》中详细论述了领导者如何管理自己的时间。他认为时间对于领导者来说是一种无可替代的资源，要管理好它应该分三个步骤：时间记录、时间管理、统一安排时间。

要管理好时间，首先要做好时间记录。只有记录了时间是如何使用的，才知道每天的时间分配状况，我们才有分析的依据。德鲁克建议“备一个小本子……必须在处理某一工作结束的当时立即加以记录，而不能事后凭记忆补记。”以三四个星期为一个时段，这段时间内每天记录，一年内记录两三个时段。

有了记录，就要对时间进行分析和管理。

第一，哪些事情是不需要做的？我们需要问自己：如果不做这样的事情会给我们带来什么影响？做这些事情对自己和组织有什么贡献？如果答案是否定的，那就说明这些事情可以不做。再看记录的清单会发现估计有1/2事情可以不做。例如，参加的各种宴请和礼节性的活动，或者行业会议，很多时候并不需要领导者亲自出席。所以领导者要学会做减法，专注于自己该做的事情。

第二，哪些事情可以让别人做？领导者要经常问自己，这项工作如果别人做会如何？应该让谁做？如果确定可以由别人做，就应该大胆地放手，不要追求尽善尽美。

第三，是不是在浪费别人的时间？领导者应该经常反思自己对别人的要求是否必要，到底是出于工作需要还是不适宜的惯例？领导者可以和别人开诚布公地讨论，找出不产生任何价值的要求和程序，并果断地停止它们。

在这些有效的时间分析之后，接下来就要统一安排时间。领导者必须集中大块时间来处理重要的事情和工作，这样效率才会更高。大家可能有过这样的经历，一个有难度的活动方案，我们写了一个星期还只是停留在开头的那几句话，但是，当我们利用一个大段且无人打扰的时间来处理的话，也许2小时就能完成一个漂亮的方案。

要做到自律还需管好自己的情绪。所谓情绪大多是人们对已经发生了的事情的解读所造成的压力，对同一件事情不同的解读会产生完全不同的情绪反应。管好情绪，就要学会多从积极的角度解读别人的行为。同样是迟到，有人会解读为对自己不尊重，也有人会设身处地地想可能是发生了一些不受对方控制的事，还有人会想是对方懒散惯了，没有时间观念……于是每个人的情绪反应肯定会各不相同。管好情绪还要学会宽容和放下。要知道金无足赤，人无完人。对于别人无意的冒犯、并非恶意的过失不妨宽容一些。哪怕是有过严重的冲突也不要时时放在心里，要学会放下。既然情绪是已经发生了的事情给我们的压力，适度放下也是解放自己。此外，人不能成为工作的奴隶，我们不管工作多忙，一定要留出必要的时间给自己和家人。经常锻炼身体，注意饮食，与家人和谐相处，这些更能提高我们的工作效率和幸福指数。

“士不可不弘毅，任重而道远。”战胜自己、超越自我非一般人能做到的，甚至是永远不可到达的终点。领导者唯有通过自省、自强、自律，才能不断接近理想的境界。

延伸阅读：稻盛和夫：所有优秀背后都是苦行僧般的自律

稻盛和夫在其著作《活法》中写了一段自己的亲身经历。他写道："年轻时的我，做任何事情都不顺利，事与愿违，且屡屡落空。"原来在稻盛和夫年轻之时，也曾有过坎坷波折的人生，曾经甚至无奈到绝望。

稻盛和夫参加中学升学考试失败后，不久就感染了结核病，在当时的医学水平下，这对他来说无疑是噩耗。他感染结核病的过程也很离奇。原来，一开始患病的是他的叔父，稻盛和夫自己非常害怕被传染，在经过叔父的卧室时，他总是捏着鼻子跑过去。而他的父亲和哥哥不以为然，两人都坦然面对。结果，稻盛和夫的父亲和哥哥都没事，而一直注意防护的稻盛和夫却被感染了。

随着病情加重，他开始吐血，还低烧不断，稻盛和夫幼小的身体和意志渐渐要被病魔击垮。一个邻居阿姨见他可怜，于是就借了一本《生命的真相》给他阅读，稻盛和夫为了忘却病痛，便埋头苦读。书中的一句话深深地震动了他："我们内心有个吸引灾难的磁石，生病是因为有一个吸引生病的羸弱的心。"

他顿悟到了“正是消极思考的东西吸引了消极的现实”。

值得庆幸的是，经过不断治疗，稻盛和夫的结核病治好了，他又回到了校园，但他的失望和挫折并未停止。他大学入学考试的第一志愿不合格，只能进入本地大学求学，在大学期间，他的成绩很好，但毕业时又遇上了日本经济不景气，多次就业考试接连失败。当时的稻盛和夫，可算是不走运到了极点，他去买彩票，在他前后售出的彩票号码都中了奖，唯独他没中。失意到了这个地步，稻盛和夫的内心将近崩溃，他甚至想“破罐子破摔”，凭着自己擅长的空手道加入一个黑帮社团，因此他一度在闹市区的某个黑帮暴力团事务所前徘徊。

最终，在大学教授的帮助下，稻盛和夫进入一家电瓷制造厂工作。可电瓷厂经营情况极为糟糕，工资都不能按时发放，也看不到发展前途。很多同事都相继辞职，稻盛和夫也有些犹豫。最后，他想通了，凭自己目前的资历去更好的单位也不容易，还不如踏踏实实做出点成绩再说。主意一定内心反而豁然开朗。这时的稻盛和夫全身心地投入工作，吃住都在实验室，每天坚持研究。慢慢地，心境的变化似乎有了回报，研究成果日见成效，上司对他的评价也越来越好，而他自己则更加忘我地工作，于是收获了更好的结果，由此进入了一个良性循环。后来，稻盛和夫通过独特的方法，首次在日本成功开发合成了应用于电视机晶体管上的精密陶瓷材料。随后，他凭着掌握的技术和积累的成绩，开创了京瓷公司，实现了事业的大成功。

稻盛和夫总结道：人最大的胜利就是战胜自我，坚持自律。自律是凡人成功的唯一出路。他还给出克己养成的五个步骤。

1. 接纳自己的不足并努力克服

1955 年 4 月，大学毕业后初次就业时，稻盛和夫是一个地地道道的乡巴佬，此前从没有在大城市生活过，说话有浓重的九州地方口音。每当电话铃声响起，他都希望有其他人快来接听，因为他不想让别人听到他的鹿儿岛方言。那时，他总觉得自己处处不如别人。后来他意识到，不应该被劣等感支配，应该坦然承认自己的缺点，下决心努力克服。这样就不会有过多的挫折感。他对自己说：“我是乡巴佬，从乡下大学出来，社会上的事情什么都不懂，缺乏常识，因此必须从最基本的东西学起，比任何人都要更努力。否则，我就无法成功。”也就是说，不否认自己的弱点，如实接受它，不必刻意掩饰，这样反而会觉得轻松。这种态度正是进步的起点。

2. 一年365天，持续付出不亚于任何人的努力

成功没有捷径，努力才是通往成功的光明大道。稻盛和夫带领京瓷公司仅用半个世纪，就发展成世界500强企业，除努力之外，别无他因。他的努力不是一般的努力，而是持续付出“不亚于任何人的努力”。不做这种程度的努力，绝不可能在“血雨腥风”般残酷的企业竞争中引导企业成长发展。

3. 无论多忙都要抽出时间读书

稻盛和夫无论工作多忙，都会在工作的间隙读书；不管夜里多晚回到家，也一定会读书。他的枕边堆着许多哲学或中国古代经典的书籍，每日睡前必定要读上几页。哪怕只读上短短几分钟，他也能体会到心灵被打动的感觉。通过读书，我们能够获得有别于平日生活所得的经验和知识。比如，了解不同的国度和文化，对同类问题的不同解决办法，历史上各种各样的前车之鉴，等等。

4. 保持日复一日的反省态度

这个世界充满了各种诱惑，很多人会因经受不住各种诱惑而犯错误。在败给诱惑之后，我们是否能够认识到自身错误，并切实进行反省，则会给我们的人生带来巨大的不同。人生就

像走过一片充满诱惑的地雷阵，当我们穿行其间，多多少少会触碰各种“地雷”，这是一件难以避免的事情。当我们“触雷”时，能够进行怎样的反省才是关键所在。我们应该做的不仅是想方设法不踩到“地雷”，更要在踩到“地雷”后立刻作出反省，让自己不再犯同样的错误。

5. 时时不忘克己之心

克己真正的目标是《论语》所言之“毋意，毋必，毋固，毋我”（不主观，不独断，不固执，不自以为是）。凡人皆因战胜自我而成功，因放纵自我而失败。以历史人物为鉴，事业始创时，这些人中的大多数能出色达到目标的十之七八，而能圆满完成余下二三成的人则屈指可数。究其原因，一开始他们还能自我约束，谨言慎行，从而取得一定成绩，然而在这之后就容易松懈、骄傲乃至得意忘形起来，这种状态会很容易导致最终的失败。所以，人最重要的是战胜自己。

七、领导识人之术

自古以来，如何识人就是一门高深的学问。领导者如果不懂得识人，就无法做到人岗适配，也不能选择合适的接班人。无数案例告诉我们：选对一人造福一方，用错一人贻害无穷。可见领导识人的重要性。

我们祖先留下了不少识人的学问，如鬼谷子的识人九法、诸葛亮的七观法、曾国藩的相面法等。应该说这些都凝聚了前人的智慧，至今对我们还有借鉴作用，但也有其时代局限性和个人主观性。

21世纪最核心的资源就是人才，怎么把适合组织需要的人才选出来？什么样的人重点培养可以成为未来的“将军”？这些都是摆在领导者面前的重大难题，因此领导者有必要在识人上多花些功夫。

首先，领导识人要学会在“赛马”中发现他人的长处。“千里马常有，而伯乐不常有”，如果把希望都寄托在伯乐身上，恐怕大多数千里马一辈子都没有机会。在伯乐稀缺的情况下，与其以自上而下的方式选“千里马”，不如建立开放透明、公平公正的竞争机制，在“赛马”中“相马”，在“赛场”上找到每个人的长处，让身经百战的“千里马”自下而上成长壮大。海尔集团多年前曾提倡“赛马不相马”就是强调人才要在竞争中涌现，建立一个凭业绩说话的机制。后来他们的案例被搬到了哈佛大学的讲坛。在华为，团队和项目之间的比拼，也被形象地比喻成赛马。新员工加入华为之后，所有过去的学历、工作经验都不作为参考要素，每个人都站在同一起跑线上，以绩效为基础，并且只有绩效前25%的员工才有资格参与干部选拔。联想集团柳传志当年在选择接班人的问题上也是运用“赛马”的办法，把联想集团的两块重要业务让杨元庆和郭为各负责一摊，结果赛出了联想电脑和神州数码两片天地。

当然，一方面要注重运用“赛马”机制来识人选人；另一方面也要注意职场是长距离、多项目的比赛，一次胜负并不能说明一切，要给失败者多一些的机会和时间，让他们可以在实战中找到自己的强项来证明自己。同时，组织要建立能上能下的机制。任何人都不能躺在过去的功劳簿上睡大觉，贪图安逸的功臣可以享受经济上的实惠，但要把“位子”让给敢闯敢拼的后来者。

其次，领导者要善于从得失中看清一个人的格局。自古以来，有大格局者都不会太计较短期的得失，都有长远的目光，从而能担当更大的责任。因此，我们要重点考察一个人在得失面前的表现。褚时建曾经从“烟王”变成“囚犯”，女儿也因此自杀。但他没有埋怨命运与生活，75岁立志要种出世界上最好的橙子，埋头苦干近10年，84岁时实现从“囚犯”到“橙王”的华丽转变。苏轼一生多次被贬，起起落落后仍能吟唱“一蓑烟雨任平生”。王安石两次被罢相，却依然坚持要做“拗相公”，发动了一场被后人誉为“中国历史上最有名誉之社会革命”的改革。

再次，领导者要注意在困难中识别一个人的胆识。胆识决定一个人事业与人生的高度与深度。领导要善于在困难关头观察大家的表现，有胆有识的人困难时候能站得出来，危急关头能豁得出来，这样的人一定是难得的帅才。1976年，时任以色列总理的拉宾，为了营救被劫持到其敌对国家乌干达机场的106名人质，果断实施武力解救人质的“大力神计划”。使用150名突击队员、数架大型运输机和战斗机，组织了跨越数个敌对国家领空、航程达4000多千米的营救人质行动。结果，以死亡4人（1名突击队员、2名人质，另1名人质因病住院在事发后被乌干达政府枪毙）的代价，成功地消灭了45名敌人，炸毁了11架敌机，使102名人质活着回到了以色列。这被当时的国际社会誉为一次“惊天行动”。正是拉宾的过人胆识，赢得了全世界的叹服。

最后，领导者要重视运用现代人才测评技术，科学地“相马”，把适合组织的人才选出来。人们在最初的接触中，容易受晕轮效应和刻板印象的影响。晕轮效应是指人们在交往时，容易因为对方的某个突出的特点和品质而忽视其他的特点和品质。刻板印象就是人们根据自己的经验给他人贴标签，比如，我们总会不由自主地认为老年人是保守的，年轻人是爱冲动的；北方人是豪爽的，南方人是精明的；等等。在人才选拔、任用和考评过程中应谨防这两种倾向发生，以免造成不良的后果。很多研究表明，第一印象对于面试和交往都特别重要，人们往往在见面的几分钟内就对他人下了判断，之后不管对方如何表现都很难改变人们对其的最初印象。所以，领导在识人尤其是招聘人才时，要注重采用结构化面试、情景模拟、360度评估反馈和心理测试等多种现代人才测评技术，尽量减少主观因素的干扰。

结构化面试要求事先确定面试题目，针对同一职位采用同样的题目。面试题目的设计要求先从岗位分析开始，了解岗位对人的能力要求，据此确定重点评价的维度，然后根据评价维度和岗位分析获得的信息编制题目。在面试提问过程中，要严格遵从题目顺序，一般不允许追问和加问。结构化面试还要求事先对面试考官进行严格培训，让大家熟练掌握面试程序、判断方法及评分标准等。

情景模拟，顾名思义是模拟实际工作中的行为来编制考题，并通过评价候选人在这些模拟题上的表现来预测其未来的能力。常见的情景模拟测验有文件筐和小组活动两种。文件筐主要考察候选人的决策、授权、协调关系、时间管理、分清轻重缓急的综合能力。小组活动要求4～8名候选人组成一个团队共同解决一个难题，从中观察被测人的合作能力、影响力、决策力等综合能力。

360度评估反馈，又称“全方位考核法”，是指由员工自己、上司、下属、同级同事甚至顾客等，从全方位、各个角度来评估人员的方法。评估内容可能包括沟通技巧、人际关系、领导能力、行政能力等。通过这种全面的评估，被评估者不仅可以从多个角度获得反馈，也可从这些不同的反馈中找到自己的不足、长处与努力的方向。

现代心理测评技术主要是为了测出人的潜力、个性、动机等心理特质，从而把那些潜质符合组织和岗位要求的人选出来。举例来说，行为特质动态衡量系统（PDP），是一个行为风格测评，它起源于多个经典的如“智力理论”“特质理论”等理论和研究。PDP被一些媒体夸誉为现今全球涵盖范围最广、精确度最高的人力资源诊断系统。它通过问卷测试的形式把人的性格大致分成了老虎型、孔雀型、无尾熊型、猫头鹰型、变色龙型五种。PDP在企业的很多方面特别是在中高层的招聘和团队建设中被广泛应用。

其他优秀的心理测评技术还很多，如迈尔斯-布里格斯人格类型测验（MBTI）、霍根测试、DISC性格测试等。应该说每一种测试都有其局限性，如施测者水平，被测试者受社会影响或故意给出干扰信息，等等。因此，有必要将多种人才测评技术综合运用，从而减少测评误差。

总之，领导识人既要重视在实际工作中发现他人的长处，也要善于从一个人处理得失和面对困难时看清他格局和胆识，更要学会综合运用现代人才测评技术，从而选出组织真正需要的人才。

八、领导用人之术

在现代组织中，人才是最宝贵的资源，用人成事是领导者的最重要的工作之一。早在2000多年前，韩非子就提出："下君尽己之能，中君尽人之力，上君尽人之智。"司马光在《资治通鉴》里也写道："为治之要，莫先于用人。"刘邦善于用人，所以能打败项羽，建立大汉王朝；唐太宗用人唯贤，从而开辟了大唐盛世……这样的例子不胜枚举。任何人成就事业都需要多种人才，他们往往各有所长，这就需要领导者了解和发挥每个人的才能，从而创出最佳业绩。

在现代组织里谈用人，不是使用人而是作用于人，或者说是影响人。人是一个完整的、有思想、有尊严的个体，我们不能把他们当作器物来使用，而要从尊重人、激发人、发展人的角度来影响他们，这才是真正意义上的用人。所以领导用人要营造适合人才发展的氛围，要从制度、机制和文化三个方面建立尊重人性、公平竞争、作育人材、人尽其才的环境。

领导用人先要学会用上级。上级拥有的资源和经验一般都比较多，用好他们自会受益很多。中央党校刘峰教授认为：

用上级，重认同。这就要求我们要尽心尽力做好自己的本职工作，并主动及时向上反馈工作的进展，包括取得的成效、碰到的问题、应对的方案、需要的支援等。在重大的节点上要请上级指导把关，寻求领导的支持。并让上级在这个过程中看到你的努力与亮点，从而认同你的态度和能力。

领导用人还要注意用好同级，关键是要注重贡献。我们要做好工作离不开各部门的配合，在与同级互动的时候一定要从“我们能为他人贡献什么价值”的角度出发。同级部门地位平等，都有各自的工作任务和要求，如果我们总是站在自己部门的角度去要求别人，是不会有太多积极回应的。但如果我们能本着为他们做贡献的角度思考和行动，受欢迎程度就会大不一样。以财务部门为例：一方面财务部门要严格执行财务制度，防范风险。所以给别的部门的感觉原则性很强，不是太好打交道。另一方面财务部门汇集了组织里最完整的信息，也最能为别的部门提供支持。如果财务部门能想方设法为各个部门提供有针对性的信息，那么给不同的领导和部门的报表应该是各有侧重和个性化的。试想一下，如果财务部门能有这种主动服务精神，怎么能不受欢迎？

领导用人最重要的还是用好下属，这也是领导者的重要职责。

首先，用好下属要用人所长（cháng），就是要发挥每个人的优势。所谓知人善任就是把人放在最合适的位置上，人尽其才。清代诗人顾嗣协说：“骏马能历险，犁田不如牛。坚车能载重，渡河不如舟。舍长以就短，智高难为谋。生才贵适用，慎勿多苛求。”所谓“金无足赤，人无完人”“尺有所短，寸有所长”。领导用人一定不能求全责备，否则你会发现无人可用，现实中找不到没有缺点的人。领导用人之高明不在于用好“无缺点”的人，而在于敢用有缺点的能人。美国南北战争期间，尽管北方军队有人力、物力上的绝对优势，但是在战争开始的3年多的时间里，却屡屡受挫。后来林肯任命格兰特将军为总司令，格兰特嗜酒如命，林肯也知道喝酒可能误事，但是他更知道格兰特运筹帷幄、英勇善战。事实证明正是格兰特将军扭转了整个战局，他并没有因为酗酒而耽误大事。用好有缺点的人关键还在于用人不疑。既然有缺点，就一定会遭到很多非议，这时领导者要顶得住压力，既然看准了这个人的优点，就要坚定立场，支持到底。

其次，用好下属要用人所长（zhǎng）。就是要善于挖潜力，培养人，让大家成长得更快。领导用人不要期待候选者都完全满足职位需要，只要大部分符合要求就应该大胆使用，让人才在岗位上学习，逼着他在实战中成长。另外，要有意识安排人才流动，不断给大家“调位子”“换角度”。人才只有在流动中才能找到最合适的工作，发现自己的长处。同时，要多让有领导潜力的人横向变换岗位，积累到一定时候再纵向提拔，这种“之”字形提拔方式能为组织培养高层领导后备力量。华为的员工内部流动非常频繁，通常在你刚完全熟悉一项工作后，就要被调到另一个岗位，其实就是为了激发员工的挑战欲望，让大家永远处于压力中，从而更快地成长。最后，领导者还要常态化、系统化地组织大家培训学习。要从岗位分析和大家的能力对比中去找培训需求，要设置高层干部、中青干部、年轻干部等多个培训班次，建立完整的人才发展规划。“磨刀不误砍柴工”，任何志存高远的组织都是重视人才培训的，无论是美国的GE公司还是中国的华为、阿里巴巴，都是重视人才培训的典范。

再次，用好下属要注意区别对待，分类激励。在任何组织里，一般是约20%的人创造了80%的绩效。所以用好这部分人就特别重要。对于这20%的人才来说，要有适合的激励手段。现在很多公司都用股权和合伙人制度把这些骨干变成公司的主人，让他们真正为自己工作。当然激励也不应该千篇一律，要针对不同的需求采用个性化的激励手段。除了他们，组织还有70%的人属于维持型人才，可以给予他们略高于市场平均水平的薪酬和激励，还要在态度、知识、技能、文化认同等方面培训他们，帮助他们提高，鼓励他们力争进入那20%的精英队伍。剩下的10%可以采用转岗或淘汰的方式实现组织的人才更新。

最后，用好下属要善于搭班子，实现优势互补。领导用人不可能消灭人的短处，但可以通过班子的匹配，把优势互补的人放到一起扬长避短，形成完美的搭档。海尔集团张瑞敏和杨绵绵就是一个典型例子。罗兰·贝格在《巅峰创新》这本书里写道："张瑞敏和杨绵绵无疑是中国式企业管理人才的最佳合作代表之一。张瑞敏长于宏观战略，专注于思考企业如何进行战略创新，杨绵绵精于细节，致力于将执行与创新结合，两人形成了'和而不同'的职能互补与管理搭配。"在中国企业界，杨绵绵无疑具有符号般的意义，她是海尔集团原董事局常务副主席、总裁，却甘愿充当一个执行者的角色。潘承烈说过：“没有杨绵绵的工作，张瑞敏的管理思想不可能如此顺利地执行。”而在张瑞敏看来，“杨绵绵最大的特长在于，你本来期望的是二，她却可以发挥到十”。还有人评价，没有杨绵绵，海尔集团将很难取得今天的成绩。在海尔集团内部正是靠着她个人强大的执行能力，张瑞敏的管理思想才被迅速落实到各个部门。杨绵绵曾经说，人有三商——智商、情商和韧商，其中韧商最难达到。而执行的创新能力也是一种管理天赋，需要很强的韧商，需要在不断的失败和受挫中寻找新的前行方向的勇气。从某种意义上来说，正是张瑞敏和杨绵绵这对“黄金搭档”成就了海尔集团这个屹立不倒的“白色家电王国”。企业界这样的例子还很多，如任正非和孙亚芳、柳传志和李勤都是难得的完美搭档。

领导用人是一门永无止境的学问。在知识经济时代，能否用好人才关系到组织的生存和发展。领导者要敢于用好比自己优秀的人，用好有缺点的能人，用好与自己有过冲突的强人，总之一句话，要用好各方面的人才。“箫韶九成，凤凰来仪。”只要领导者把人尽其才、才尽其用的环境建设好，人才辈出和群贤毕至就不再是奢望。

延伸阅读：李世民的用人之道

要明白李世民用人之道的高明，要先明白贞观年间的朝廷人员组成的特殊。

首先是派系复杂。李世民登上帝位，是政治斗争的产物，而且在玄武门之变后他并没有进行人员清理，故而贞观初年的群臣组成多个政治派系。其次是贵胄众多。西汉、明朝等大一统帝国的开国功臣中，出身布衣的不在少数。唐朝则多出身贵胄——大多数原本是隋朝官员，这种构成有利有弊。好处是官员整体素质高，便于开展工作；坏处在于要“压住”这些人并不容易。

如此复杂的构成，但结果出奇的好：各类派系、各种出身的人才在同一个屋檐下合作顺畅，不仅没有其他王朝常见的高层内耗，反而相互扶持、相互帮助。史书称“王、魏善谏诤而房、杜让其贤”，即出自原太子府的王珪、魏徵习惯直言劝谏，而秦王府元老房玄龄、杜如晦不仅不反感，反而甘心让位、分享权力。

在一个大环境下，如果一两个人比较正直，也许是个人品德的原因；但如果绝大部分人都如此，那一定是体系、制度的功劳。而在封建君权时代，如魏徵所言："居人上者，其身正，不令而行；其身不正，虽令不从。"有其王，才有其臣，帝王本人是塑造一个环境的关键。

简单来说，李世民的用人之道有三大特点。

第一，用对的人做对的事，而不搞山头主义。

"自己人"这个词在管理观念中根深蒂固，许多领导者用人，首先不是看对方合不合适、能否称职，而是看对方是否可靠、是不是自己的亲信。这就造成了一种常态：大多数情况下，那些没有"山头"，却真正有才华的人往往极难被安排在最合适的岗位上。在古代，很多"劣币驱逐良币"的事例给人留下无尽遗憾。但贞观时期有个奇怪的现象：秦王府的旧臣，大多数谨小慎微、谨言慎行，尉迟敬德曾被严厉警告，张亮、侯君集被杀；而原太子府的王珪、魏徵等却畅快随意，悉数位极人臣。

以魏徵为例。玄武门事变前，魏徵曾经极力劝说李建成杀掉李世民。因此，从常理上来说，当李世民夺权后，对魏徵处以极刑也不为过。但令所有人意想不到的是，李世民一笑泯恩仇给魏徵安排了全权安缉山东的大权。李世民此举并不是沽名钓誉，他知道，当时天下刚刚安定、人心不稳，外有强敌突厥，内部刚刚经历惨烈的宫廷政变，山东地区并非关中集团的传统势力范围，过去曾涌现窦建德、王世充、李密等一方枭雄。因此，山东稳、则天下安，而魏徵身为山东人士，曾先后作窦建德、李密等人的下属，天生是最适合安缉山东的人选。这说明，李世民敢重用曾经的“仇敌”，是因为他知道魏徵适合做什么，也知道魏徵对建功立业的渴望。后来魏徵在贞观年间成为人臣的标杆，更从侧面证明了唐太宗一代明君的气度与眼界。

另外，曾经并非自己嫡系的李靖、李世勣，都因出色的军事才能被委以重任（如灭东突厥的千秋壮举）；而那些众所周知的老部下，却没有享受过特殊待遇——恃功而骄的尉迟敬德被李世民用韩信、彭越的例子严重警告；在秦王府成长起来的侯君集希望做宰相，被李世民以“次第未至耳”（排序还没到）为由拒绝，而后来的事实证明，他这个凌烟阁功臣确实不够格。

第二，用人所长、容人之短，不应吹毛求疵。

很多人有“严于律人、宽于律己”的惯性思维，很多领导者对部下要求极高：要有才，还得有德，更得听话、忠诚、召之即来挥之即去，任劳任怨、只付出不追求回报，不能有任何低级趣味……这样，最终往往变成下属投上级所好，当面一套背后一套，把精力都放在如何包装自己、讨领导欢心上，在具体工作层面却畏首畏尾，久而久之，这个体系将腐朽不堪、走向灭亡。在封建专制集权时代，为何时常出现奸佞如鱼得水、忠臣屡被排斥的现象也就不难理解了。而李世民改变了这种局面，他在写给儿子李治的《帝范》中，给出了一番真知灼见：“智者取其谋，愚者取其力；勇者取其威，怯者取其慎，无智、愚、勇、怯，兼而用之。故良匠无弃材，明主无弃士。不以一恶忘其善；勿以小瑕掩其功。”

史书中举过具体实例。李世民让封德彝为朝廷举荐人才，但过了很久都没什么业绩。面对责问，封德彝狡辩：并非我不尽心，只是当今天下没啥奇才罢了。李世民驳斥：君子用人跟使用器物一样，每一种东西都要选用它的长处；古代创造治世的先贤，难道是从其他朝代借用的人才？你应该反省自己为什么不能发掘人才，怎能反过来诬陷世人无才？！封德彝听后羞愧不已。

还有一位凌烟阁功臣萧瑀，为人刚直、对人要求极高，以御史大夫之职参与朝政时，经常挑房玄龄、魏徵等人身上的毛病说事，甚至还多次发起弹劾。但在李世民看来，这些毛病都无关痛痒，基本不予理会，仍旧对房玄龄、魏徵信任备至。没多久，他干脆让萧瑀不再参与朝政议事，而是担任太子少傅，让他干最适合他的事。

所以我们不难理解，为什么贞观年间名臣济济、其他大部分朝代都难以匹敌。常言道“千里马常有，而伯乐不常有”，帝王本人要承担大部分责任。

第三，听取不同意见，不分亲疏、兼听则明。

早在先秦时期，韩非子就提出“观听不参，则诚不闻，听有门户，则臣壅塞”（对于臣下的言行，君主不加以验证就不会知道实情；如果偏听偏信，就会受到蒙蔽），要求君主必须多听取不同的意见，这样才能接近真实情况。但“正直难亲，谄谀易合”，古往今来，能够压抑自己内心的喜好、愿意听取不同意见的领导者又有多少。对那些“挑刺”的臣子，大度点的帝王可能一笑了之、置之不理；心胸狭窄点的帝王甚至会举起权力的武器，予以无情打压、迫害。但如果某个朝廷只有一种声音、只有一种大臣，那往往距离衰败就不远了。

李世民曾经问魏徵："人主何为而明，何为而暗？"魏徵回答："兼听则明，偏信则暗……秦二世偏信赵高，以成望夷之祸；梁武帝偏信朱异，以取台城之辱；隋炀帝偏信虞世基，以致彭城阁之变……"正是吸取了这些教训，谏官这一职位在贞观年间备受重视。

贞观年间，君臣一心、共同努力的景象，在中国封建史上极为罕见。人无完人，唐太宗李世民虽有缺点，但在用人方面确实没有其他帝王能与之比肩。他晚年说："朕年十八，便为经纶王业，北剪刘武周，西平薛举，东擒窦建德、王世充，二十四而天下定，二十九而居大位，四夷降伏，海内乂安，自谓古来英雄拨乱之主，无见及者，颇有自矜之意，此吾之过也。"只有掌握高超的用人之术，才能成为封建史上少见的英明君主；他的"自矜"，其实毫不为过。

领导者要追求并达到至善领导的目标，就要从道、法、术三个层次掌握其内涵。正所谓"道不易，法简易，术常易"。

道是最根本最重要的、是统领一切的，法循于道，并以道御术。不管在什么组织当领导，当多大的领导，最重要的还是要先做好自己，修炼品性，把稳自己的领导哲学和价值观。对于领导角色和领导方法来说，可以在遵循自己的领导之道的前提下，根据实际情况对领导法则稍作调整，根据具体情境不断变化领导方法，发挥出自己的领导艺术特色。

参考文献

1. 刘峰. 简约领导［M］. 北京：国家行政学院出版社，2012.

2. 夏莫. U型理论：感知正在生成的未来［M］. 邱昭良，王庆娜，陈秋佳，译. 杭州：浙江人民出版社，2013.

3. 库泽斯，波斯纳. 领导力：如何在组织中成就卓越：第五版［M］. 徐中，周政，王俊杰，译. 北京：电子工业出版社，2013.

4. 稻盛和夫. 活法［M］. 曹岫云，译. 北京：东方出版社，2015.

5. 沃伦·本尼斯. 成为领导者［M］. 徐中，姜文波，译. 杭州：浙江人民出版社，2016.

6. 张素玲. 行动学习与领导力开发［J］. 中国浦东干部学院院报，2008，2（2）.

7. 许晓平 . 领导·组织·战略［M］. 北京：红旗出版社，2013.

8. 卡茨 . 高效管理者的技能［J］. 哈佛商业评论，1955，1.

9. 柯林斯，波勒斯 . 基业长青［M］. 真如，译 . 北京：中信出版社，2006.

10. 蔡利民 . 以知促行，以行促知［N］. 光明日报，2016-05-27（2）.

11. 周发源 . 女政协委员的发言有些“火药味”——一位企业家分享在海口和深圳两地的不同感受［N］. 中国改革报，2020-06-21（3）.

12. 德鲁克 . 卓有成效的管理者［M］. 许是祥，译 . 那国毅，审定 . 北京：机械工业出版社，2012：11.

后　记

至善，是中国文人几千年来追求的道德目标，我把它迁移到领导境界只是一个初步尝试，在我心中，至善领导应该是一种可以无限接近但永远不能到达的圣地。同时，笔者深知自己研究能力和实践水平很有限，对于至善领导的理解不是很透彻，对于至善领导之道、法、术的分析也不一定非常系统科学，还有很多遗珠弃璧未能一一纳入。我只是试图去打开一扇窗，为大家的领导实践和研究提供一些新的线索。坦诚地说，如果能为大家的领导力修炼之路提供一些石子、填补一些坑洼，让这条路变得更平坦一些，我就心满意足了。

印象中大多数后记都像领奖词一样，写满了感谢。轮到自己写的时候，心中同样充满了谢意。

首先要感谢读者能耐着性子读完这么多并不算精美的文字，感谢您的耐心与接纳！

还要感谢国家行政学院出版社的王莹主任，感谢各位参与此书出版的工作人员，是你们的细心工作与周到服务让本书顺利出版。

更要感谢我的妻子邓赛女士，是她的默默付出使我有更多时间去做自己想做的事，让我能专心把这本书写完。2024年1月20日将是我们结婚十周年纪念日，谨以此书作为我们锡婚之礼送给她。

作者

2023年9月

电子邮箱：823714480@qq.com